Couverture inférieure manquante

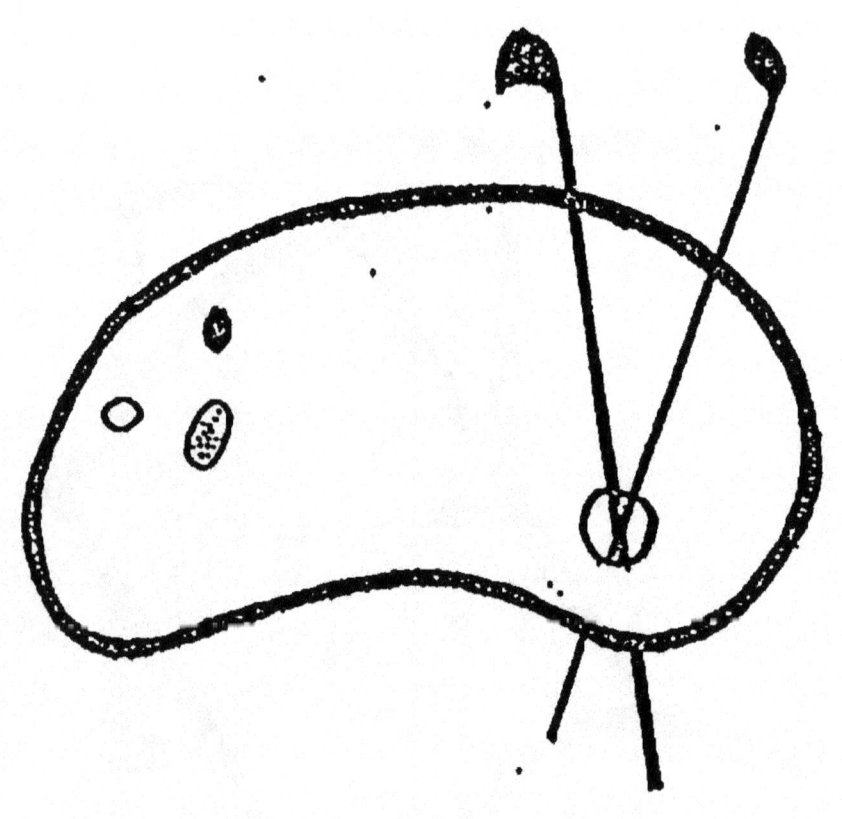

ORIGINAL EN COULEUR
NF Z 43-120-8

OEUVRES
DE
Alphonse Daudet

L'ÉVANGÉLISTE

PARIS
ALPHONSE LEMERRE, ÉDITEUR
27-31 PASSAGE CHOISEUL 27-31
—
M DCCC LXXXVIII

ŒUVRES

DE

Alphonse Daudet

IL A ÉTÉ TIRÉ DE CE LIVRE :

40 exemplaires sur papier de Hollande.
40 — sur papier de Chine.
20 — sur papier Whatman

Tous ces exemplaires ont été numérotés et paraphés par l'Éditeur.

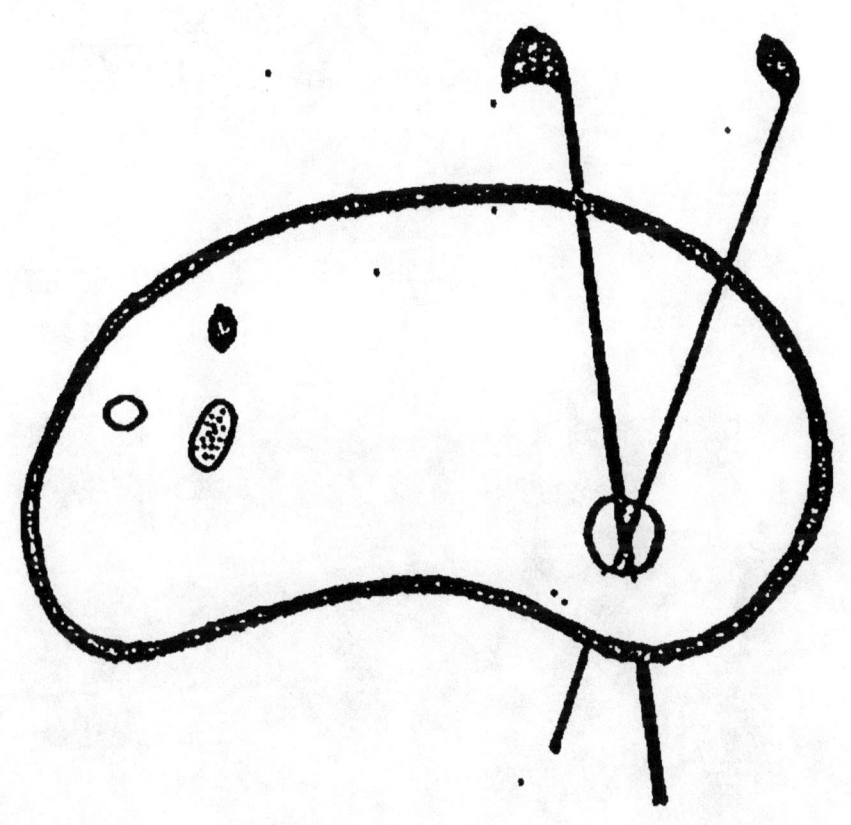

ORIGINAL EN COULEUR
NF Z 43-120-8

OEUVRES
DE
Alphonse Daudet

L'ÉVANGÉLISTE

PARIS
ALPHONSE LEMERRE, ÉDITEUR
27-31, PASSAGE CHOISEUL, 27-31

M DCCC LXXXVIII

A L'ÉLOQUENT ET SAVANT PROFESSEUR

J.-M. CHARCOT

Médecin de la Salpêtrière

Je dédie cette Observation.

A. D.

L'ÉVANGÉLISTE

I

GRAND'MÈRE

C'EST un retour de cimetière, au jour tombant, dans une petite maison de la rue du Val-de-Grâce. On vient d'enterrer grand'mère; et, la porte poussée, les amis partis, restées seules dans l'étroit logis où le moindre objet leur rappelle l'absente, et qui, depuis quelques heures, semble agrandi, Mme Ebsen et sa fille sentent mieux toute l'horreur de leur chagrin. Même là-bas, à Montparnasse, quand la terre s'ouvrait et leur prenait tout, elles n'avaient pas aussi vivement qu'à ce coin de croisée, devant ce fauteuil vide, la notion de l'irréparable, l'angoisse de l'éternelle séparation. C'est comme si grand'mère venait de mourir une seconde fois.

Mᵐᵉ Ebsen est tombée sur une chaise et n'en bouge plus, affaissée dans son deuil de laine, sans même la force de quitter son châle, son chapeau dont le grand voile de crêpe se hérisse en pointes raides au-dessus de sa bonne large figure toute bouillie de larmes. Et se mouchant bien fort, épongeant ses yeux gonflés, elle énumère à haute voix les vertus de celle qui est partie, sa bonté, sa gaieté, son courage, elle y mêle des épisodes de sa propre vie, de celle de sa fille; si bien qu'un étranger admis à ce *socero* bourgeois, connaîtrait à fond l'histoire de ces trois femmes, saurait que M. Ebsen, un ingénieur de Copenhague, ruiné dans les inventions, est venu à Paris, il y a vingt ans, pour un brevet d'horloge électrique, que ça n'a pas marché comme on voulait, et que l'inventeur est mort, laissant sa femme seule à l'hôtel avec la vieille maman, et pauvre à ne savoir comment faire ses couches.

Ah! sans grand'mère, alors, qu'est-ce qu'on serait devenu, sans grand'mère et son vaillant

petit crochet, qu'elle accélérait jour et nuit,
travaillant des nappes, des jetés de guipure à
la main, très peu connus à Paris en ce temps-
la, et que la vieille Danoise allait offrir brave-
ment dans les magasins de petits ouvrages.
Ainsi elle a pu faire marcher la maison, donner
une bonne nourrice à la petite Eline; mais il
en a fallu, de ces ronds, de ces fines dentelles
a perdre les yeux. Chère, chère grand'mère...
Et le *socero* se déroule, coupé de sanglots, de
mots enfantins qui reviennent à la bonne femme
avec sa douleur d'orpheline et auxquels l'accent
étranger, son lourd français de Copenhague,
que vingt ans de Paris n'ont pu corriger, donne
quelque chose d'ingénu, d'attendrissant.

Le chagrin de sa fille est moins expansif.
Très pâle, les dents serrées, Eline s'active dans
la maison, avec son air paisible, ses gestes sûrs,
un peu lents, sa taille pleine et souple dans la
triste robe noire qu'éclairent d'épais cheveux
blonds et la fleur de ses dix-neuf ans. Sans
bruit, en ménagère adroite, elle a ranimé le
feu couvert qui mourait de leur longue absence,
tire les rideaux, allumé la lampe, délivré le
petit salon du froid et du noir qu'elles ont
trouvés là en rentrant; puis, sans que la mère
ait cessé de parler, de sangloter, elle la debar-
rasse de son chapeau, de son châle, lui met
des pantoufles bien chaudes à la place de ses
bottines toutes trempées et lourdes de la terre

des morts, et par la main, comme un enfant, l'emmène et l'assied devant la table où fume la soupière à fleurs entre deux plats apportés du restaurant. Mme Ebsen résiste. Manger, ah bien! oui. Elle n'a pas faim; puis la vue de cette petite table, ce troisième couvert qui manque...

« Non, Lina, je t'en prie.
— Si, si, il le faut. »

Eline a tenu à dîner là dès le premier soir, à ne rien changer à leurs habitudes, sachant que le lendemain elles seraient plus cruelles à reprendre. Et comme elle a sagement fait, cette douce et raisonnable Lina! Voici déjà que la tiédeur de l'appartement, qui se ranime à la double clarté de la lampe et du feu, pénètre ce pauvre cœur tout transi. Comme il arrive toujours après ces crises épuisantes, Mme Ebsen mange d'un farouche appétit; et peu à peu ses idées, sans changer d'objet, se modifient et s'adoucissent. C'est sûr qu'on a tout fait pour que grand'mère fût heureuse, qu'elle ne manquât de rien jusqu'à son dernier jour. Et quel soulagement en ces minutes effroyables de se sentir entouré de tant de sympathies! Que de monde au modeste convoi! La rue en était toute noire. De ses anciennes élèves, Léonie d'Arlot, la baronne Gerspach, Paule et Louise de Lostande, pas une qui ait manqué. Même on a eu ce que les riches n'obtiennent aujourd'hui ni pour or ni pour argent, un discours du pasteur Aussandon, le doyen de la faculté de théologie, Aussandon, le grand orateur de l'Église réformée, et que, depuis quinze ans, Paris n'avait pas entendu. Que c'était beau, ce qu'il a dit de la famille, comme il était ému en parlant de cette vaillante grand'mère, s'expatriant, déjà âgée, pour suivre ses enfants, ne pas les quitter d'un jour.

« Oh! pas d'un *chur*..., » soupire Mme Ebsen, à qui les paroles du pasteur arrachent en souvenir de nouvelles larmes; et prenant à pleins bras sa grande fille, qui s'est approchée d'elle pour essayer de la calmer, elle l'étreint et crie : « Aimons-nous bien, ma Linette, ne nous quittons jamais. » Tout contre elle, avec une longue caresse appuyée sur ses cheveux gris, Eline répond tendrement, mais très bas, pour ne pas pleurer : « Jamais! tu sais bien, jamais... »

La chaleur, le repas, trois nuits sans sommeil et tant de larmes! Elle dort à présent, la pauvre mère. Eline va et vient sans bruit, lève la table, range un peu la maison que ce départ affreux et brusque a bouleversée. C'est sa façon d'engourdir son chagrin, dans une activité matérielle. Mais arrivée à cette embrasure de fenêtre au rideau constamment relevé, où la vieille femme se tenait tout le jour, le cœur lui manque pour serrer ces menus objets qui gardent la trace d'une habitude et comme l'usure des doigts tremblants qui les maniaient, les ciseaux, les lunettes sorties de leur étui marquant la page d'un volume d'Andersen, le crochet en travers d'un ouvrage commencé débordant du tiroir de la petite table, et le bonnet de dentelle posé sur l'espagnolette, ses brides mauves dénouées et pendantes.

Elle s'arrête et songe.

Toute son enfance tient dans ce coin. C'est là que grand'mère lui a appris à lire et à coudre. Pendant que Mme Ebsen courait dehors pour ses leçons d'allemand, la petite Lina restait assise sur ce tabouret aux pieds de la vieille Danoise qui lui parlait de son pays, lui racontait les légendes du Nord, lui chantait la chanson de mer du « roi Christian, » car son mari avait été capitaine de navire. Plus tard, quand Eline a su gagner sa vie à son tour, c'était encore là qu'elle s'installait en rentrant. Grand'-mère, la trouvant à sa place de fillette, continuait à lui parler avec la même tendresse protegeante; et, dans ces dernières années, l'esprit de la vieille femme s'affaiblissant un peu, il lui arrivait de confondre sa fille avec sa petite-fille, d'appeler Lina « Élisabeth, » du nom de Mme Ebsen, de lui parler de son mari défunt, brouillant ainsi leurs deux personnalités qui n'étaient dans son cœur qu'une seule et même affection, une maternité double. Un mot la ramenait doucement; alors elle se mettait à rire.

Oh! ce rire angélique, ce rire d'enfant entre les coques du petit bonnet, c'est fini, Eline ne le verra plus. Et cette idée lui prend tout son courage. Ses larmes qu'elle comprime depuis le matin à cause de sa mère, et aussi par pudeur, par délicatesse, parce que tout cet apitoiement autour d'elle la gênait, ses larmes s'échappent violemment, avec des sanglots, avec des cris, et elle se sauve en suffoquant dans la pièce à côté.

Ici, la fenêtre est grande ouverte. La nuit entière, traversée de coups de vent mouillés qui secouent la claire lune de mars, l'éparpillent toute blanche sur le lit défait, les deux chaises encore en face l'une de l'autre, où le cercueil s'allongeait ce matin pendant l'allocution du pasteur, faite à domicile, selon le rite luthérien. Pas de désordre dans cette chambre de mort, rien de ces apprêts qui révèlent le long alitement, les horreurs de la maladie. On sent la surprise, l'anéantissement de l'être en quelques heures; et grand'mère, qui n'entrait guère ici que pour dormir, y a trouvé un sommeil plus profond, une nuit plus longue, voilà tout. Elle n'aimait pas cette chambre, « trop triste, » disait-elle, qu'emplissait le silence ennemi des vieillards et d'où l'on ne voyait que des arbres, le jardin de M. Aussandon, puis celui des sourds-muets derrière et le clocher de Saint-Jacques-du-Haut-Pas; rien que de la verdure sur des pierres, le vrai charme de Paris, mais la Danoise préférait son petit coin avec le mouvement et la vie de la rue. Est-ce pour cela, est-ce l'effet de ce ciel profond, houleux et par place écumeux comme une mer? Eline, ici, ne pleure plus. Par cette fenêtre ouverte, sa douleur monte, s'élargit, se rassérène. Il lui semble que c'est le chemin qu'a pris la chère vie disparue; et son regard cherche là-haut, vers les nuées floconnantes, vers les pâles éclaircies ouvrant le ciel.

« Mère, es tu la? Me vois-tu? »

Tout bas, longtemps, elle l'appelle, lui parle avec des intonations de prière... Puis l'heure sonne à Saint-Jacques, au Val-de-Grâce, les arbres dépouillés frissonnent au vent de nuit; un sifflet de chemin de fer, la corne du tramway passent sur le grondement continu de Paris... Eline quitte le balcon auquel elle accoudait sa prière, ferme la croisée, rentre dans le salon où la mère dort toujours son sommeil d'enfant secoué de gros soupirs; et devant cette honnête physionomie, aux rides de bonté, aux yeux rapetissés de larmes, Lina pense à l'abnégation, au dévouement de cette excellente créature, au lourd fardeau de famille qu'elle a si vaillamment, si joyeusement porté : l'enfant à élever, la maison à nourrir, des responsabilités d'homme, et jamais de colère, jamais une plainte. Le cœur de la jeune fille déborde de tendresse, de reconnaissance ; elle aussi se dévouera toute à sa mère, et encore une fois elle lui jure « de l'aimer bien, de ne la quitter jamais. »

Mais on frappe à la porte doucement. C'est une petite fille de sept à huit ans, en tablier noir d'écolière, les cheveux plats noués presque sur le front d'un ruban clair. « C'est toi, Fanny, dit Eline sur le seuil, de peur de réveiller Mme Ebsen, il n'y a pas de leçon ce soir.

— Oh ! je le sais bien, mademoiselle, — et l'enfant coule un regard curieux vers la place de grand'mère pour voir comment c'est quand on est mort, — je le sais bien, mais papa a voulu que je monte tout de même et que je vous embrasse à cause de votre grand chagrin.

— Oh ! petite gentille... »

Elle prend à deux mains la tête de l'enfant, la serre avec une vraie tendresse : « Adieu, ma Fanny, tu reviendras demain... Attends que je t'éclaire, l'escalier est tout noir. » En se penchant, la lampe haute, pour guider jusqu'à sa porte la fillette qui loge au-dessous, elle aperçoit quelqu'un debout dans l'ombre, qui attend.

« C'est vous, monsieur Lorie ?

— Oui, mademoiselle, c'est moi, je suis là... Dépêche-toi, Fanny. » Et timide, les yeux levés vers cette belle fille blonde dont la chevelure s'évapore en rayons sous la lampe, il explique dans une longue phrase, fignolée, enveloppée comme un bouquet de deuil de première classe, qu'il n'a pas osé venir lui-même apporter à nouveau le tribut... le tribut de ses condoléances ; puis brusquement, rompant toute cette banalité solennelle : « De tout mon cœur avec votre peine, mademoiselle Eline.

— Merci, monsieur Lorie. »

Il prend l'enfant par la main, Eline rentre chez elle ; et les deux portes, au rez-de-chaussée et au premier, se referment du même mouvement comme sur une émotion pareille.

II

UN FONCTIONNAIRE

Il y avait déjà quatre ou cinq mois que ces Lorie habitaient la maison et dans la rue du Val-de-Grâce, une rue de province avec ses commérages au pas des portes, ses murs de couvent dépassés de grands arbres, sa chaussée où les chiens, les chats, les pigeons, s'ébattent sans peur des voitures, l'émoi de curiosité causé par l'installation de cette étrange famille n'était pas encore apaisé. Un matin d'octobre, sous la pluie battante, un vrai jour de déménagement, on les avait vus arriver ; le monsieur, long, tout en noir, un crêpe au chapeau, et, quoique jeune encore, vieilli par son air sérieux, une bouche serrée entre des favoris administratifs. Avec lui deux enfants, un garçon d'une douzaine d'années, coiffé d'une casquette de marine à ancre et à ganse dorées, et une petite fille que tenait par la main la bonne en coiffe berrichonne, tout en noir, elle aussi, et brûlée par le soleil comme ses maîtres. Un camion de chemin de fer les suivit de près, chargé de caisses, de malles, de ballots empilés.

« Et les meubles? » demanda la concierge installant ses locataires. La berrichonne répondit, très calme : « Y en a pas…, » et comme le trimestre était payé d'avance, il fallut se contenter de ce renseignement. Où couchaient-ils? Sur quoi mangeait-on? Et pour s'asseoir? autant d'énigmes difficiles à éclaircir; car la porte s'entre-bâillait à peine, et si les croisées n'avaient pas de rideaux, leurs volets pleins restaient toujours tirés sur la rue et sur le jardin. Ce n'est pas du monsieur, sévère et fermé jusqu'au menton dans sa longue redingote, qu'on pouvait espérer quelque détail; d'ailleurs, il n'était jamais là, s'en allait le matin fort affairé, une serviette en cuir sous le bras, et ne rentrait qu'à la nuit. Quant à la grande et forte fille à tournure de nourrice qui les servait, elle avait un certain coup de jupe de côté, une façon brusque de tourner le dos aux indiscrétions, qui tenait le monde à distance. Dehors, le garçon marchait devant elle, la petite, cramponnée à sa robe; et lorsqu'elle allait au lavoir, un paquet de linge sur sa hanche robuste, elle enfermait les enfants à double verrou. Ces gens-là ne recevaient jamais de visites; seulement deux ou trois fois la semaine, un petit homme coiffé d'un chapeau de paille noire, espèce de marinier, rôdeur du bord de l'eau, avec des yeux vifs dans un teint de jaunisse, et toujours un grand panier à la main. En somme, on ne savait rien sur eux, sinon que le monsieur s'appelait Lorie-Dufresne, comme le témoignait une carte de visite clouée à la porte :

CHARLES LORIE-DUFRESNE

SOUS-PRÉFET A CHERCHELL

Province d'Alger

tout ceci raturé d'un trait de plume, mais incomplètement, comme à regret.

Il venait en effet d'être révoqué, et voici dans quelles circonstances. Nommé en Algerie vers la fin de l'Empire, Lorie-Dufresne avait dû à son éloignement d'être maintenu sous le nouveau régime. Sans convictions bien solides du reste, comme la plupart de nos fonctionnaires, et tout disposé à donner à la République les mêmes preuves de zèle qu'a l'Empire, pourvu qu'on lui conservât son poste. La vie a bon marché dans un pays admirable, un palais pour sous-préfecture avec des jardins d'orangers et de bananiers en terrasse sur la mer, à ses ordres un peuple de chaouchs, des spahis dont les longs manteaux rouges s'envolaient sur un geste, ouverts et allumés comme des ailes de flamants, chevaux de selle et de trait fournis par l'État à cause des grandes distances à parcourir, voyons, tout cela valait bien quelques sacrifices d'opinion.

Maintenu le Seize-Mai, Lorie ne vit sa position menacée qu'après le départ de Mac-Mahon ; mais il échappa encore, grâce à son nouveau préfet, M. Chemineau. Ce Chemineau, un ancien avoué de Bourges, futé et froid, très souple, de dix ans plus vieux que lui, avait été pour Lorie-Dufresne, alors conseiller de préfecture, ce type idéal que les jeunes gens adoptent en commençant la vie et sur lequel ils se façonnent presque à leur insu, à l'âge où il faut toujours copier quelque chose ou quelqu'un. Il grima sa jolie figure sur la sienne, lui prit ses airs gourmés, finauds, son sourire discret, la coupe de ses favoris et jusqu'au sautillement de son binocle au bout du doigt. Longtemps après, lorsqu'ils se retrouvèrent en Algérie, Chemineau crut revoir l'image de sa jeunesse, mais avec quelque chose de naïf et d'ouvert dans le regard, que M. le préfet n'avait jamais eu ; et c'est à cette ressemblance toute flatteuse que Lorie dut sans doute la protection de ce vieux garçon, aussi sec, aussi craquant et inexorable que le papier timbré sur lequel il grossoyait autrefois ses procédures.

Malheureusement, après quelques années de Cherchell, Mme Lorie tomba malade; une de ces cruelles blessures de femmes qui les frappent aux sources mêmes de la vie, et que développa vite ce climat excessif où tout pousse et fermente terriblement. Sous peine de mourir en quelques mois, il fallait revenir en France, dans une humidité d'atmosphère qui pourrait prolonger longtemps, sauver même cette existence si précieuse à toute une famille. Lorie voulait demander son changement, le préfet l'en empêcha. Le ministère l'oubliait; écrire, c'était tendre le cou. « Patientez encore... Quand je passerai l'eau, je vous la ferai passer avec moi. »

La pauvre femme partit seule, et vint s'abriter à Amboise, en Touraine, chez des cousins éloignés. Elle ne put même emmener ses enfants, les vieux Gailleton n'en ayant jamais eu, les détestant, les craignant dans leur maison étroite et proprette, à l'égal d'une nuée de sauterelles ou de toute autre horde malfaisante.

Il fallut bien se résigner à la séparation ; l'occasion était trop belle de ce séjour sous un ciel merveilleux, avec un semblant de famille, la pension moins chère que dans un hôtel. D'ailleurs, ils n'en auraient pas pour longtemps, Chemineau n'étant pas homme à moisir en Algérie. « Et je passerai l'eau avec lui... » disait Lorie-Dufresne qui ramassait les mots de son chef.

Des mois se passèrent ainsi ; et la malade se désespérait, sans mari, sans enfants, livrée aux taquineries idiotes de ses hôtes, aux sourds lancinements de son mal. C'était, de semaine en semaine, des lettres déchirantes, une plainte toujours la même « mon mari... mes enfants... » qui traversait la mer et faisait chaque jeudi, jour du courrier, trembler jusqu'à la pointe de ses favoris le pauvre sous-préfet guettant à la longue-vue du cercle le paquebot qui venait de France. A un dernier appel, plus navrant que les autres, il prit un grand parti, s'embarqua pour aller voir le ministre, une démarche lui paraissant en ce cas moins dangereuse qu'une lettre. Au moins on parle, on se défend ; et puis il est toujours plus facile de signer de loin un arrêt de mort que de le prononcer en face du condamné. Lorie avait raisonné juste. Par hasard, ce ministre était un brave homme que la politique n'avait pas encore gelé jusqu'au ventre et qui s'émut à cette

petite histoire de famille égarée parmi son tas
de paperasses ambitieuses.

« Retournez à Cherchell, mon cher monsieur Lorie... Au premier mouvement, votre affaire est sûre. »

S'il était content, le sous-préfet, en franchissant la grille de la place Beauvau, en sautant dans le fiacre qui le conduisait à la gare pour l'express de Touraine! L'arrivée chez les Gailleton fut moins gaie. Sa femme l'accueillit de sa chaise-longue qu'elle ne quittait plus, passant tristement ses journées à regarder devant elle la grosse tour du château d'Amboise, dont la rondeur massive et noire s'étalait en face de sa tristesse de captive. Depuis quelque temps, elle n'habitait plus la maison des Gailleton, mais à côté, chez leurs « closiers » chargés de conduire le vignoble qui joignait le jardin.

La maladie s'aggravant, Mme Gailleton avait craint pour son carreau et son meuble le va-et-vient des soins, les tisanes qui poissent, l'huile de la veilleuse. C'est que, de l'aube à la nuit, la vieille femme ne quittait son plumeau, sa brosse, le morceau de cire, menait une existence de frotteur, toujours soufflant, depeignée, à quatre pattes dans un hideux jupon vert, à entretenir sa chère maison, vrai type de la petite propriété tourangelle, toute blanche et coquette, avec la cocarde rouge d'un géranium à chaque fenêtre. Pour son jardin, l'homme était presque aussi féroce ; et menant le sous-préfet vers sa malade, il lui faisait admirer l'alignement militaire des bordures, toutes les fleurs aussi luisantes que si le plumeau de madame y avait passé : « Et vous comprenez bien, cousin, que des enfants par ici, ça n'aurait pas fait l'affaire... Mais nous voici chez la cousine... Vous allez la trouver changée. »

Oh ! oui, et bien pâle, et les joues bien creuses, comme travaillées au couteau, et son pauvre corps de blessée se devinant diminué et difforme sous la longue robe flottante ; mais Lorie ne s'aperçut pas de cela tout de suite, car la joie de voir entrer son cher mari l'avait faite aussi rose, aussi jeune et vivante qu'à ses vingt ans. Quelle étreinte, lorsqu'ils furent seuls, le Gailleton retourné à son jardinage. Enfin, elle l'avait là, elle le tenait, elle ne mourrait pas sans en embrasser un. Et les enfants, Maurice, Fanny ? Sylvanire, leur bonne, en avait-elle bien soin ? Ils devaient être grandis. Cette méchanceté, pourtant, de ne pas lui permettre au moins sa petite Fanny.

Puis de tout près, bien bas, à cause du râteau de Gailleton qui grinçait sous la fenêtre : « Oh ! emmène-moi, emmène-moi..... Si tu savais comme je m'ennuie là, toute seule, comme cette grosse tour m'étouffe ! Il me semble que c'est elle qui m'empêche de vous voir. » Et l'égoïsme tatillon de ces vieux maniaques, leur

effarement quand la pension arrivait un jour en
retard, le sucre, le pain qu'on lui comptait,
les gros doigts de la « closière » qui lui faisaient mal en la portant sur son lit, elle racontait tout, dégonflait les rancœurs de son chagrin d'une année. Loric l'apaisait, la raisonnait
de son air grave, mais au fond bien remué,
bien navré, répétait la parole rassurante du
ministre : « Au premier mouvement... » et depuis quelque temps, Dieu sait que les mouvements ne sont pas rares. Dans un mois, dans huit
jours, peut-être demain, sa nomination serait
a l'*Officiel*. Alors, de beaux projets d'installation,
tout un mirage de bonheur, de santé, d'avancement, de fortune, comme savait en imaginer ce
chimérique fourvoyé dans l'administration, qui
n'avait pris à Chemineau que sa bouche rase et
son masque important. Et elle l'écoutait, la tête
sur son épaule, se berçait, demandait à croire
malgré les coups sourds du mal qui la travaillait.

Le lendemain, par un de ces matins clairs et
légers des bords de la Loire, ils déjeunaient,
la fenêtre ouverte, la malade encore au lit, les
portraits des enfants devant elle, quand l'escalier de bois de la maison paysanne craqua sous
le pas à gros clous du cousin. Il tenait à la
main l'*Officiel* qu'il recevait par une habitude
d'ancien greffier au tribunal de commerce et
qu'il lisait respectueusement de la première à
la dernière ligne :

« Eh bien ! le mouvement a eu lieu... Vous êtes révoqué. »

Il dit cela brutalement, n'ayant déjà plus sa déférence de la veille pour l'employé supérieur de l'État. Lorie saisit le journal, le lâcha tout de suite pour courir à sa femme dont la figure avait pris une couleur terreuse d'agonie : « Mais non, mais non... ils se sont trompés... c'est une erreur. » L'express allait passer. En quatre heures, il serait au ministère, et tout s'expliquerait. Mais à la voir si changée, la mort sur les joues, il s'effraya, voulut attendre la visite du médecin. « Non... Va-t'en tout de suite... » Et pour le décider, elle jurait qu'elle se sentait mieux, l'étreignait au départ, d'une grande force, avec des bras dont la vigueur le rassura un peu.

Ce jour-là, Lorie-Dufresne arriva trop tard place Beauvau. Le lendemain, Son Excellence ne recevait pas. Introduit le troisième jour, après deux heures d'attente, il se trouva en présence, non du ministre, mais de Chemineau, installé, en jaquette, tout à fait chez lui.

« Eh ! oui, mon bon, c'est moi... Dans la place !... Depuis ce matin... Vous y seriez aussi si vous m'aviez écouté... Mais non, vous préfériez venir vous faire fendre l'oreille... Ça vous apprendra...

— Mais je croyais... on m'avait promis...
— Le ministre a eu la main forcée. Vous étiez

le dernier sous-préfet du Seize-Mai... Vous venez dire : Je suis là... Alors ! »

Ils se tenaient debout, l'un devant l'autre, leurs grands favoris face à face, de même coupe et de même longueur, leurs deux binocles sautillant au bout du même doigt, mais avec la distance entre eux d'une copie à un tableau de maître. Lui pensait à sa femme, à ses enfants. C'était sa seule ressource, cette place. « Qu'est-ce qu'il faut faire ? » demanda-t-il tous bas en étranglant. Chemineau en eut presque pitié, l'engagea à venir de temps en temps au ministère. On lui avait donné la direction de la presse. Peut-être pourrait-il le prendre un jour dans les bureaux.

Lorie rentra à l'hôtel, désespéré. Une dépêche l'y attendait, datée d'Amboise : « Venez vite... elle va mourir. » Mais il eut beau se presser, quelqu'un courut devant, qui allait encore bien plus vite ; et quand il arriva, sa femme était morte, morte seule, entre les deux Gailleton, loin de tout ce qu'elle aimait, avec l'angoisse du lendemain pour ces pauvres chers êtres dispersés. O politique sans entrailles !

La promesse de Chemineau le retenait à Paris. D'ailleurs, que serait-il allé faire en Afrique ? Ramener les enfants, la bonne s'en chargerait, et aussi de régler quelques petites notes, d'emballer les papiers personnels, les livres, les vêtements, puisque tout le reste, mobilier, linge,

vaisselle, appartenait à l'État. Sylvanire méritait
cette confiance ; au service de la famille depuis
douze ans, alors que Lorie, nouvellement marié
à Bourges, n'était encore que conseiller de préfecture, on l'avait prise comme nourrice du
premier né, quoiqu'elle sortît à peine de la triste
aventure commune aux filles de campagne, sé-
duite par un élève de l'école d'artillerie, puis
laissée à la borne avec un enfant qui ne vécut
pas. Pour une fois, cette charité humaine et
simple eut sa récompense. Les Lorie eurent dans
leur servante le dévouement naïf, absolu, d'une
robuste et belle fille, désormais à l'abri des surprises et dégoûtée de l'amour, — ah ! ouiche,
l'amour... un brancard et l'hôpital ; — très
fière avec cela de servir quelqu'un du gouvernement, un maître en habit brodé et chapeau
à claque.

De cet air aisé, solide, qu'elle avait de faire
toute chose, Sylvanire se débrouilla de ce grand
voyage compliqué d'une liquidation plus difficile que Lorie ne l'imaginait, car les économies
de la bonne y passèrent. A la sortie du wagon,
quand elle émergea de la foule, tenant par la
main les deux orphelins dans leur deuil tout
neuf, il y eut un moment de grande émotion,
un de ces poignants petits drames comme il
s'en agite à toute heure dans les gares, parmi
le fracas des brouettes, les bousculades du fac-
tage et de la douane. On veut se tenir devant

le monde, surtout quand on a une belle paire
de favoris à la Chemineau ; on affecte de s'occuper des détails matériels ; mais les larmes
coulent tout de même, mouillent les mots les
plus banals.

« Et les bagages ? » demandait Lorie à Sylvanire en sanglotant ; et Sylvanire, encore plus
émue, répondait qu'il y en avait trop, que
Romain les enverrait par la pe...e...tite vite. .
e...sse. — « Oh ! alors, si... c'est Romain... »
Il voulait dire : « ce sera certainement très bien
fait... » Mais les larmes l'en empêchèrent. Les
enfants, eux, ne pleuraient pas, tout étourdis
de leur longue route, et puis trop jeunes encore pour savoir ce qu'ils avaient perdu et
comme c'est triste de ne plus pouvoir dire
« maman » à celle qui pardonne tout.

Pauvres petits Algériens, que Paris leur sembla sinistre, passant de l'azur, du soleil, de la
vie large de là-bas, à une chambre d'hôtel au
troisième, rue du Mail, noire du moisi de ses
murs et de la pauvreté de ses meubles ! Puis le
dîner de la table d'hôte où il ne fallait pas parler, toutes ces figures inconnues, et pour distraction quelques promenades sous un parapluie
avec la bonne qui n'osait aller plus loin que la
place des Victoires, de peur de perdre son
chemin. Le père, pendant ce temps-là, courait
à la recherche d'un emploi, en attendant d'entrer au ministère.

Quel emploi ?

Quand on a vécu vingt ans dans l'administration, on ne s'entend plus guère à faire autre chose, fatigué, banalisé par le ronflant et le vide de l'existence officielle. Personne ne savait mieux que lui tourner une lettre administrative, dans ce style arrondi, incolore, qui a horreur du mot propre, ne doit viser qu'à une chose : parler sans rien dire. Personne ne connaissait plus à fond le formulaire des salutations hiérarchiques, comment on écrit à un président de tribunal, à un évêque, un chef de corps, un « cher ancien camarade » ; et pour tenir haut le drapeau de l'administration en face de la magistrature, son irréconciliable ennemie, et pour la passion du bureau, de la paperasse, fiches, cartons verts, registres à souches, pour les visites d'après-midi à la présidente, à la générale, débiter debout — le dos à la cheminée, en écartant ses basques — toutes sortes de phrases enveloppées, jamais compromettantes, de façon à être avec chaleur de l'avis de tout le monde, louer brutalement, contredire avec douceur, le binocle en l'air : « Ah ! permettez... » ; pour présider au son de la musique et des tambours un conseil de révision, un comice agricole, une distribution de prix, citer un vers d'Horace, une malice de Montaigne, moduler son intonation selon qu'on s'adresse à des enfants, à des conscrits, des prêtres, des ouvriers, des bonnes sœurs, des gens de campagne, bref, pour tous les clichés, poses et grimaces de la figuration administrative, Lorie-Dufresne n'avait de pareil que Chemineau. Mais, à quoi tout cela lui servait-il maintenant? Et n'était-ce pas terrible, à quarante ans, de n'avoir pour nourrir et vêtir ses enfants que des gestes d'estrade et des phrases creuses?

En attendant sa place au ministère, l'ex-sous-prefet en fut réduit à chercher du travail dans une agence de copies dramatiques.

Ils étaient là une douzaine autour d'une grande table, à un entresol de la rue Montmartre, si obscur que le gaz y restait allumé tout le jour, écrivant sans se dire un mot, se connaissant à peine, dans une disparate d'hôpital ou d'asile de nuit; mais tous des décavés, des fameliques aux yeux de fièvre, aux coudes râpés, sentant le pauvre ou même pis. Quelquefois, parmi eux, un ancien militaire, bien net, bien nourri, un ruban jaune à la boutonnière, venu pour gagner en quelques heures d'après-midi de quoi compléter sa petite pension de retraite.

Et de la même ronde uniforme, sur du papier de même format, très lisse pour que la plume courût plus vite, ils copiaient sans relâche des drames, vaudevilles, opérettes, féeries, comédies, machinalement, comme le bœuf laboure, la tête basse et les yeux vides. Lorie, les premiers temps surtout, s'intéressait à sa besogne, s'amusait des mille intrigues bizarres défilant au bout de sa plume, et des cocasseries du vaudeville à surprises, et des péripéties du drame moderne avec son éternel adultère accommodé à tous les piments.

« Où vont-ils chercher tout ça ? » se disait-il parfois, effaré de tant de complications infinies en dehors des réalités communes. Ce qui le frappait aussi, c'était la quantité d'excellents repas que l'on fait dans les pièces, toujours du champagne, du homard, des pâtés de venaison, toujours des gens qui causent la bouche pleine, la serviette sous le menton ; et tout en transcrivant ces détails de mise en scène, lui déjeunait d'un croissant de deux sous qu'il émiettait honteusement au fond de sa poche. D'où il conclut que le théâtre et la vie sont des choses absolument différentes.

A ce métier de copiste, Lorie se faisait des journées de trois ou quatre francs, qu'il aurait pu doubler en travaillant le soir chez lui, mais on ne confiait pas les manuscrits à domicile ; puis il y avait du chômage. Et Chemineau qui le remettait de jour en jour, et la note de l'hôtel qui enflait à faire peur, et les bagages qui arrivaient avec trois cents francs de frais de route... Trois cents francs de colis !... Il n'y voulait pas croire, mais s'expliqua ce chiffre

invraisemblable, en voyant sous un hangar de
Bercy cette rangee de caisses, de ballots, tous
a son adresse. Dans l'impossibilité de faire un
tiiage, Sylvanire avait tout rafle, defroques,
paperasses, ce dont les ambulants de l'administration se débarrassent à chaque campe-
ment, tout ce qui s'etait entassé chez le sous-
prefet d'inutilités encombrantes en ses dix ans
de sejour, bouquins de droit depareillés, brochures sur l'alfa, l'eucalyptus, le phylloxera,
toutes les robes de madame, — pauvre madame,
— jusqu'a de vieux kepis brodés, des poignées
de nacre d'epées de parade, de quoi ouvrir une
boutique de bric-à-brac « AU SOUS-PRÉFET
DEGOMME, » le tout solidement ficelé par Romain, cloue, cacheté, à l'abri des accidents de
terre et de mer.

Le moyen de remiser cela à l'hôtel ? Il fallut
chercher un logement, dénicher ce petit rez-
de-chaussee de la rue du Val-de Grâce qui tenta
le sous-prefet par le calme, l'aspect provincial
de la maison et de la rue, le voisinage du
Luxembourg où les enfants pourraient s'aerer.
L'installation s'y fit gaiement. La joie des petits
d'ouvrir les caisses, de retrouver des objets
connus, leurs livres, la poupée de Fanny, l'eta-
bli de menuisier de Maurice. Après l'indifférence banale de l'hôtel, l'amusement d'un camp
bohème; tant de choses inutiles pour beaucoup
d'autres qui manquaient, la bougie dans un

vieux flacon à eau de Cologne, des journaux servant d'assiettes... On rit de bon cœur le premier soir ; et lorsque après un dîner léger, sur le pouce, les matelas déroulés, les caisses en tas, Lorie-Dufresne, avant de se coucher, promena solennellement la bougie sur cet intérieur de commissionnaire en marchandises, il eut un mot qui traduisait bien leur intime bien-être à tous : « C'est un peu dégarni, mais au moins nous sommes chez nous ! »

Le lendemain, ce fut plus triste. Avec les frais de voiturage, l'avance du loyer, Lorie avait vu la fin de son argent, déjà fort entamé par la note des Gailleton, les voyages, le séjour à Paris et l'achat d'une petite concession dans le cimetière d'Amboise, oh ! toute petite, pour quelqu'un qui n'avait jamais tenu beaucoup de place. L'hiver approchait pourtant, un hiver comme il n'en existe pas en Algérie et pour lequel les enfants n'étaient équipés de vêtements ni de chaussures. Heureusement, il y avait Sylvanire. La brave fille suffisait à tout, allait au lavoir, taillait, raccommodait dans les débris d'autrefois, nettoyait les gants de monsieur, rafistolait son lorgnon avec du fil d'archal, car l'ancien fonctionnaire ne négligeait pas la tenue. C'est elle aussi qui trafiquait chez les marchands d'habits de la rue Monsieur-le-Prince, chez les bouquinistes de la rue de la Sorbonne, les vieux livres de droit, les brochures sur la viticulture, et, reliques encore plus précieuses, les habits de parade du sous-préfet, ses redingotes brodées d'argent fin.

Une de ces défroques administratives, dont les marchands n'avaient pas voulu à cause de sa décrépitude, servait à Lorie de robe de chambre, économisait son unique vêtement de sortie; et c'était quelque chose de le voir, grelottant et digne sous sa loque à broderies, arpenter leur logement pour se réchauffer, tandis que Sylvanire s'usait les yeux à la lueur d'une bougie et que les enfants dormaient dans des caisses d'emballage transformées en couchettes, afin de leur eviter le froid du carreau. Non, jamais, dans les pièces qu'il copiait, si bizarres pourtant, si extraordinaires, Lorie-Dufresne n'avait rien vu d'aussi extravagant.

III

ELINE EBSEN

CHEZ les dames Ebsen, grand'mère, à son coin de fenêtre, guettait tous les mouvements des gens du dessous. Avec ses mains tremblantes qui laissaient échapper les mailles et faisaient grelotter le volume d'Andersen, la bonne vieille n'avait guère que la rue pour distraction ; et comme il n'y passait pas grand monde, de temps à autre les epaulettes blanches d'un infirmier du Val, le collet brodé d'un élève, deux bonnes sœurs en cornettes à ailes, tout cela aussi régulier et automatique que des personnages de Jacquemart, l'arrivée des Lorie avait un peu varié l'ordinaire.

Elle savait l'heure du bureau pour le père, les achats de la bonne, et quels jours venait l'homme au panier. La petite fille l'intéressait surtout, frileusement serrée contre sa gardienne, sautillant parmi les flaques d'eau, avec ses jambes grêles court-vêtues. Grand'mère soupçonnait cette femme d'être très mechante; et connaissant dans ses moindres détails la toilette de la petite, ses deux robes de deuil à l'ourlet sorti, les talons tournés de ses bottines, elle s'indignait toute seule pendant des heures : « A-t-on jamais vu? mais ils l'estropieront, cette mignonne.... comme si c'était difficile de remettre des talons. »

Elle surveillait si l'enfant avait son manteau, s'inquiétait, la sachant dehors par la pluie, et n'était contente que lorsqu'à l'angle de la rue et du boulevard Saint-Michel, elle apercevait entre deux volées de pigeons la Berrichonne plantée au bord du trottoir, le garçon d'une main, la petite de l'autre, attendant pour traverser, avec une terreur provinciale des voitures.

« Allez donc... passez donc..., » murmurait grand'mère comme si on pouvait l'entendre, et, derrière la vitre, elle leur faisait des signes. Plus romanesque et sentimentale, Mme Ebsen était surtout impressionnée par les belles façons du monsieur et le grand crêpe de son chapeau, un deuil de veuf, bien sûr, puisqu'on ne voyait jamais la mère. Et c'était entre les deux femmes de longues discussions au sujet des voisins.

Eline, tout le jour à ses leçons, se mêlait de moins près à l'existence des Lorie, mais ces petits sans mère, perdus et seuls dans Paris, la remplissaient de pitié, et à chaque rencontre, elle leur souriait, essayait d'entrer en connaissance malgré les résistances du bonnet berrichon. La veille de Noel, le soir de cette « Juleaften » des Danois que les dames Ebsen ne manquaient jamais de fêter, elle descendit inviter les enfants à venir avec d'autres petits de leur âge manger le « risengroed » et toutes les sucreries accrochées aux branchettes d'un arbre de Noel, parmi les cires allumées et les lanternes minuscules.

Et pensez quel chagrin pour les pauvres petiots cachés derrière Sylvanire qui se tenait debout en travers de la porte, quel crève-cœur de l'entendre répondre que les enfants ne sortaient pas, que monsieur l'avait bien défendu, et d'avoir toute la soirée au-dessus de leur tête des chants, du piano, des cris de joie, et le bruit sourd des petites bottes ebranlant le parquet autour d'un beau sapin de Noel. Cette fois, par exemple, M. Lorie trouva que Sylvanire exagérait le respect de la consigne; et le lendemain, jour de congé, ayant fait habiller les enfants, il monta avec eux chez ces dames.

Elles étaient là toutes les trois; et l'entrée

cérémonieuse de l'ancien sous-préfet, les saluts
plongeons du petit bonhomme et de sa suite
impressionnèrent tout d'abord ces personnes
un peu simples. Mais la gentillesse de Fanny
eut vite raison de cette froideur de l'arrivée.
Elle était si contente de voir de près la demoiselle dont elle croisait souvent le joli sourire,
et la vieille dame qui les guettait rentrer de sa
fenêtre. Eline avait pris l'enfant sur ses genoux;
et bourrant ses petites poches des sucreries
restées de la veille, elle la faisait causer : « Sept
ans, déjà !... Quelle grande fille !... Alors vous
devez aller en classe?

— Oh! non, mademoiselle, pas encore..., »
répondit le père vivement comme s'il eût craint
quelque naïveté de la petite. C'était une enfant
très délicate. Il ne fallait pas trop la pousser. Le
garçon, au contraire, avait une santé d'athlète,
bien le tempérament de sa vocation.

« Vous voulez en faire?... demanda Mme Ebsen.

— Un marin, dit le père sans hésiter... A
seize ans, il entrera à Navale... » Et se tournant
vers le jeune garçon affaissé sur sa chaise, il le
redressa d'un geste crâne : « Hein? Maurice...
le Borda! » A ce nom du vaisseau-école, les
yeux de la petite Fanny flambèrent fièrement;
quant au futur aspirant, qui tortillait les insi-
gnes de sa casquette et penchait vers la terre
un de ces terribles nez d'enfant en croissance

qui semblent dire au reste du corps : « Marchez toujours... je vais devant, » il tressaillit à l'appel du Borda, fit un « Ah! » extatique, puis se tut comme écrasé.

« L'air de Paris l'impressionne un peu..., » dit M. Lorie pour excuser cette attitude découragée; et il raconta qu'ils n'etaient à Paris qu'en passant, pour le règlement de quelques affaires; aussi n'avaient-ils fait qu'une demi-installation, et, dame! il leur manquait bien des petites choses... Tout cela détaillé d'un ton mondain, le chapeau sur la hanche, le lorgnon au bout des doigts, avec des phrases arrondies, des ondulements d'épaules, de fins sourires entendus effleurant la solennité du visage régulier et hautain. Mme Ebsen et sa mère étaient éblouies.

Eline, elle, tout en trouvant M. Lorie un peu phraseur, resta touchée de l'accent ému et simple dont il mentionna la mort de sa femme, tout bas, très vite, avec une voix enrouée qui ne semblait plus du même homme. Elle s'apercevait aussi à certains details de toilette chez la petite fille, qu'on avait mise pourtant dans son plus beau, aux reprises du col brodé, au ruban reteint du chapeau, que, malgré les belles phrases du père, ils ne devaient pas être bien riches; et sa sympathie s'augmentait de cette misère devinée qu'elle n'aurait jamais crue aussi complète et aussi profonde.

Quelques jours après cette visite, Sylvanire vint sonner tout éperdue chez ces dames. Fanny était malade, très malade. Ça l'avait prise subitement ; et la bonne, en l'absence de son maître, s'adressait dans son épouvante aux seules personnes qu'elle connût. Eline descendit bien vite avec sa mère, et toutes deux restèrent saisies du dénuement lugubre des trois pièces sans feu, sans rideaux ni meubles, où des piles de livres en loques, des cartons verts crevés débordant de paperasses, s'entassaient dans tous les coins.

Par-ci par-là, quelques ustensiles de cuisine, deux ou trois matelas roulés, et une foule de caisses de toutes dimensions, montrant un fouillis de vieux effets et de linge, ou complètement vides et suppléant au mobilier. L'une d'elles retournée servait de table avec des « fragile » aux quatre coins parmi les assiettes, le croûton de pain, l'angle de fromage du récent déjeuner ; une autre tenait lieu de lit à la fillette qui grelottait entre ces planches, pâle et le nez pincé comme une petite morte dans sa bière, pendant qu'à côté d'elle, l'élève du Borda sanglotait sous sa casquette triomphante.

La distribution de l'appartement était la même qu'au premier étage ; et la comparaison de leur petit salon coquet, paré, de leurs chambres bien chaudes avec ce chenil, navrait Eline comme un remords. On peut donc vivre à côté de détresses pareilles sans les soupçonner. En même temps, elle se rappelait les belles façons du fonctionnaire et le ton dégagé dont il avouait, en jouant avec son lorgnon, qu'il leur manquait bien des petites choses. Oui, pas mal de petites choses, comme, par exemple, du feu, du vin, des vêtements chauds, des draps, des souliers ; et les enfants en meurent quelquefois de ces petits rien du tout qui leur manquent.

« Vite, un médecin ! »

Justement, le fils Aussandon, médecin militaire, était depuis quelques jours en congé chez ses parents. Mme Ebsen courut le chercher, pendant qu'Eline s'occupait à transformer la pauvre chambre, aidée par Sylvanire qui avait perdu la tête, cognait partout un lit de fer descendu en hâte, laissait tomber dans l'escalier les bûches dont grand'mère venait de remplir son tablier, et répétait tout le temps : « Que dira monsieur ?... Que dira monsieur ?... »

« Eh bien ? » demanda Eline qui avait attendu la fin de la consultation dans une pièce à côté et ne se montra que lorsque le képi galonné du fils Aussandon eut disparu dans la brume du petit jardin. La bonne Mme Ebsen rayonnait : « Rien du tout... une fièvre biliaire... Quelques jours de repos et de soins... Regarde. On dirait déjà qu'elle va mieux, depuis qu'elle est bien couchée. » Puis, tout bas, penchée vers sa

fille : « Il s'est informé de toi si *chendiment*...
Je crois qu'il espere toujours.

— Pauvre garçon ! » dit Eline occupée à border la malade dans l'étroite couchette blanche où elle-même avait dormi toute petite ; et pendant que les yeux de l'enfant lui souriaient, luisants de fièvre, elle sentait sur sa main la mouillure chaude d'une caresse de gros chien. C'était Sylvanire qui pleurait de joie et lui disait merci avec les lèvres, sans parler. Décidément, cette fille n'etait pas aussi mechante que croyait grand'mère... Le soir, quand monsieur rentra, Fanny dormait, très calme, entre les mousselines claires tirées sur son sommeil. Un bon feu brûlait dans la cheminée. Il y avait des rideaux blancs à la fenêtre, une table, un fauteuil, le reflet lacté d'une veilleuse sur le plafond ; et partout dans la chambre de l'enfant, mais rien que dans celle-là, comme le passage d'une maternité coquette et prévoyante.

Dès ce jour, l'intimité fut faite entre les deux ménages. Ces dames avaient adopté Fanny, l'appelaient à tout instant, et ne la laissaient jamais redescendre sans quelque cadeau, des mitaines bien chaudes pour ses menottes si peu faites a l'hiver, des socques, un bon fichu de laine. Eline, rentrant de ses leçons au dehors, la prenait une heure tous les soirs et s'occupait de l'instruire un peu. Livrée depuis longtemps a l'unique compagnie d'une servante, l'enfant avait l'esprit exclusivement meublé des fantaisies de la mère L'Oie, et sur son petit être distingué des façons de commère, un patois de tournure et d'accent, comme chez les petits restés trop longtemps en nourrice. Eline, laissant à sa mère les soins matériels, cherchait surtout à dégager Fanny des gros cotillons de sa bonne, à la remettre à son rang de petite demoiselle, sans blesser pourtant les susceptibilités de l'aimante et farouche Sylvanire.

Cette Lina, à quoi n'aurait-elle pas réussi, par la magie de sa grâce et de sa douceur ? Elle n'eut qu'un mot à dire chez la baronne Gerspach, où Chemineau était reçu ; et, tout de suite, il y eut une place vacante pour Lorie dans les bureaux de M. le directeur, inaccessibles jusqu'alors. Deux cents francs par mois, moins la retenue. On pouvait espérer mieux ; mais enfin c'était un premier pas, la rentrée dans cette administration dont l'exil le tuait. Oh ! la joie de paperasser, d'ouvrir, de fermer des cartons verts à l'odeur fade et moisie, de se sentir un des rouages de cette machine de Marly, auguste et compliquée, encombrante et décrepite, qu'on nomme l'administration française... Lorie-Dufresne en fut tout rajeuni.

Et quel repos, après la fatigue des affaires, de monter le soir avec Fanny chez les Ebsen, dans ce salon modeste où des meubles lourds et surannés, la console Empire venue de

Copenhague, et l'horloge électrique qui n'avait
jamais marché, cause de tous leurs malheurs,
contrastaient avec un joli siège du tapissier en
renom, une jardinière en cloisonné, des cadeaux
d'élèves riches. Sur tout cela les dentelles de la
vieille dame, en nappes, en tapis, en jetés de
fauteuil, répandaient une blancheur passée de
mode, un calme pour le regard charmé déjà
par ces trois âges de femme, grand'mère, fille
et petite-fille, si dignement, si joliment repré-
sentés.

Pendant qu'Eline installait la petite Fanny et
ses livres, Lorie causait avec Mme Ebsen, l'en-
tretenait de ses jours de puissance, de ses succès défunts, comme il sied à toutes les majestés
tombées. Il aimait à redire les hauts faits de
son administration, les services rendus à la colonie par ses facultés organisatrices ; et se rap-
pelant tout à coup certains discours d'inaugu-
ration, il s'oubliait à en réciter des passages,
le bras tendu vers des auditeurs imaginaires :
« Beaucoup de place et tout à faire !... la devise
des pays neufs, messieurs... »

Là-bas, dans le coin de grand'mère endormie
derrière ses lunettes, la lampe éclairait un
groupe plus calme, Fanny penchée sur son
livre, avec le geste doucement protecteur
d'Eline soutenant, entourant sa taille, tandis
qu'au dehors grondait et mugissait, à vingt pas
de la petite rue provinciale, la tempête du

boulevard Saint-Michel, la montée des étudiants vers Bullier dont on entendait les pistons les soirs de bal. Et c'était bien cela les doubles courants de ce Paris complexe, si mêlé, si difficile à saisir.

Le dimanche soir, le salon s'animait, on allumait les bougies du piano pour recevoir quelques amis. D'abord, de fondation, deux familles danoises que ces dames connaissaient depuis leur arrivée, lourdes faces, épanouies et muettes, s'alignant en tapisseries, ou plutôt en *verdures,* tout autour du salon. Puis M. Birk, jeune pasteur de Copenhague, envoyé à Paris depuis peu pour desservir le temple danois de la rue Chauchat. Eline, qui du temps de l'ancien pasteur, M. Larsen, tenait l'orgue du temple, le dimanche, avait continué ce service gratuit avec le nouveau venu; et celui-ci se croyait en retour obligé à quelques visites polies, sans qu'il y eût entre eux sympathie réelle. Ce gros garçon à barbe fauve, à tête régulière et commune trouée de petite vérole, un christ de campagne mangé aux vers, affectait la plus grande austérité d'attitude et de parole; au fond, un vulgaire homme d'affaires qui savait que les pasteurs de Paris se mariaient richement, et s'était mis en tête d'utiliser son passage à Babylone pour ramasser quelque grosse dot.

Le salon de Mme Ebsen ne pouvait en cela

lui servir, composé de gens très simples, sans fortune; aussi sa barbe en fourche ne s'y montrait-elle jamais longtemps. Birk donnait à entendre que le milieu n'était pas assez orthodoxe pour lui. Il est vrai que ces dames, fort tolérantes, s'occupaient assez peu de la religion des personnes qu'elles recevaient; mais cela n'avait pas empêché M. Larsen de s'y rencontrer pendant des années avec le pasteur Aussandon.

L'illustre doyen, pour venir chez ces voisines, n'avait qu'à traverser le petit jardin qui les séparait de son pavillon et où on le voyait, le sécateur à la main, courber sa longue taille sur ses rosiers, pendant que d'une fenêtre, la petite et fougueuse Mme Aussandon, le bonnet de travers, en bataille, surveillait son vieux grand homme, le rappelait au premier souffle de vent : « Aussandon, il faut rentrer. — Oui, Bonne... » Et il obéissait, plus docile qu'un enfant. Grâce à leur voisinage, à des traductions dont le pasteur avait eu souvent besoin pour son cours d'histoire ecclésiastique, les deux familles s'étaient liées; et quelque temps avant l'arrivée de Lorie dans la maison, le plus jeune des fils Aussandon, Paul, celui que la maman n'appelait jamais que « le major », demandait Eline Ebsen en mariage.

Malheureusement, la vie de médecin militaire est une vie de garnison, toujours par les chemins; et pour ne pas quitter sa mère et sa grand'mère, Eline disait « non » tout de suite, sans laisser deviner à personne l'effort que ce « non » lui coûtait. Depuis, les relations n'avaient plus été les mêmes. Mme Aussandon évitait ces dames, on se saluait, mais on ne se visitait plus, et les soirées du dimanche y perdaient un peu de leur animation; car le vieux doyen était très gai, et « Bonne » avait un terrible coup de trompette, qui secouait tout le salon, surtout quand Henriette Briss se trouvait là et qu'on discutait théologie.

C'était, cette Henriette Briss, une vieille fille de trente à trente-cinq ans, Norvégienne, catholique, qui, après un séjour d'une dizaine d'années dans un couvent de Christiania, avait dû en sortir à cause de sa mauvaise santé, et, depuis lors, essayait de rentrer dans ce qu'elle appelait la vie mondaine. Habituée à la règle, à la dépendance muette, ayant perdu tout sentiment d'initiative ou de responsabilité, elle allait à travers les choses et les êtres, effarée, déroutée, poussant des cris de plainte et d'appel, comme un oiseau tombé du nid. Pourtant, elle était intelligente, instruite, parlait plusieurs langues, ce qui lui avait valu de se placer comme gouvernante en Russie, en Pologne, dans des familles riches; mais elle ne restait nulle part, froissée, choquée par les réalités de l'existence, dont les voiles blancs, aveuglants, enveloppants de son ordre à la Vierge, ne la défendaient plus.

« Soyons pratiques ! » répétait la pauvre fille à tout instant, pour se raffermir, se guider elle-même. Pratique, personne ne l'était moins que cette détraquée aux traits dévorés de gastralgie, les cheveux mal repoussés sous un chapeau rond de voyage, vêtue de ses achats de pauvre sur d'anciennes défroques de ses maîtresses, opulentes et fanées, avec des fourrures en été, couvrant des robes de couleur claire. Restée très catholique et pratiquante, en même temps libérale, même révolutionnaire, elle mêlait dans une adoration enthousiaste Garibaldi et le père Didon, émettait les idées, les contradictions les plus folles, épouvantait, au bout de très peu de temps, les parents de ses élèves, et chaque fois remerciée, accourait à Paris dépenser son peu d'argent, à Paris, le seul endroit du monde où elle se sentît à l'aise, dans de l'air excitant et respirable.

Tout à coup, quand on la croyait en place à Moscou ou à Copenhague, Henriette arrivait toute contente et délivrée, louait une petite chambre en garni, suivait les grands prédicateurs, visitait des sœurs dans leurs couvents, des prêtres dans les sacristies, ne manquait pas un cours à la faculté de théologie, prenait des notes qu'elle rédigeait ensuite, son rêve étant de faire du journalisme catholique ; et régulièrement elle écrivait à Louis Veuillot, qui ne répondait jamais. Faute de quoi, partout où elle allait et surtout rue du Val-de-Grâce, à cause du milieu luthérien, Henriette Briss dépensait en paroles sa verve discutante, controversait, citait des textes, sortait de là épuisée, la bouche sèche, des ronds anémiques dans la tête, mais ravie d'avoir confessé sa foi. Puis, lorsqu'elle etait à bout d'argent, ce qui l'étonnait toujours, elle se plaçait au hasard, repartait désespérée, et pendant des mois, on n'entendait plus parler d'elle.

Quand Lorie la rencontra dans le salon de Mme Ebsen, elle était à cette période découragée; et même, s'y étant prise trop tard, les réponses se faisant attendre, elle avait été obligée de se mettre en pension dans un couvent de la rue du Cherche-Midi, sorte de bureau de placement pour les filles de service, où ses idées démocratiques et son amour du peuple subissaient une rude épreuve au contact de la domesticité hypocrite et vicieuse, se signant à la chapelle, à l'entrée du parloir orné de fantastiques chemins de croix, et forçant les malles dans les chambres, chantonnant à l'ouvroir des refrains de rue infâmes, recouvrant d'un bonnet — pour parler aux clientes — des cheveux piqués d'épingles d'acier ou d'étoiles de clinquant. Chaque dimanche, chez les dames Ebsen, trop à l'étroit pour lui donner asile, elle se lamentait, racontait ses écœurements dans ce milieu bas et trivial ; mais ses amies, tout en l'aimant beaucoup, renonçaient à lui venir en aide, l'argent destiné à payer la chambre ou la pension s'en allant toujours à des fantaisies, des charités héroïques ou stupides. Henriette comprenait leurs méfiances, se désolait seulement de ne pas être plus pratique, « comme M. Lorie, par exemple, ou vous, ma chère Lina.

— Je ne sais pas si je suis pratique, disait Eline en souriant ; mais je m'arrange pour vouloir la même chose longtemps et faire avec plaisir tout ce que je dois faire.

— Eh bien! moi, je dois élever des enfants et j'en élève ; mais jamais ce ne sera avec plaisir... D'abord, j'ai les enfants en horreur. On est obligé de se courber pour leur parler, de se faire aussi petit qu'eux. C'est abêtissant.

— Oh! Henriette... »

Lina la regardait épouvantée. Elle qui aimait tant tous les petits, et de tous les âges, ceux qui courent et qui commencent à lire, ceux qui ne sont encore que de la chair douillette à dorloter et à baiser; elle qui prenait exprès par le Luxembourg pour entendre leurs cris, s'arrêter devant leurs jeux de pelles et de sable, devant leurs sommeils étalés sous la pèlerine des nourrices ou l'auvent des voitures-berceaux, elle qui souriait à tous les petits yeux quêteurs, et, si elle voyait un de ces crânes tendres exposé au vent ou au soleil, s'élançait sur la nourrice distraite, pour redresser son bras ou son ombrelle : « Nourrice, votre enfant! » Cela lui paraissait monstrueux, cette négation du sentiment maternel chez une femme. A les regarder toutes deux, d'ailleurs, on comprenait la différence de leurs tempéraments; l'une née pour la maternité, petite tête, hanches larges, calme physionomie; l'autre taillée à la serpe, avec des angles disgracieux, de longues mains plates, dures, comme on en voit jointes et tendues dans les tableaux primitifs.

Mme Ebsen intervenait quelquefois : « Mais, ma bonne Henriette, pourquoi continuer ce métier d'éleveuse d'enfants, puisqu'il vous ennuie? Pourquoi ne pas retourner chez vos parents? Ils sont vieux, dites-vous, ils sont seuls, votre mère est infirme, vous l'aideriez à son ménage... le linge, un peu de cuisine...

— Autant me marier, alors, interrompait Henriette vivement... Merci! je ne suis pas une ménagère, moi; et j'ai horreur de toutes ces besognes basses qui n'occupent que les doigts.

— On peut toujours penser..., » disait Eline. Mais l'autre, sans écouter : « D'ailleurs, ma famille est pauvre, je lui serais à charge..., puis ce sont des paysans, incapables de me comprendre. »

Sur ce mot, Mme Ebsen s'indignait :

« Les voilà bien, ces papistes, avec leurs couvents. Ce n'est rien d'arracher aux parents leurs filles, leurs garçons, les soutiens naturels de leur vieillesse, il faut encore tuer chez eux jusqu'au souvenir, jusqu'au sentiment de la famille. Elles sont jolies, vos prisons du bon Dieu ! »

Henriette Briss ne s'emportait pas, mais défendait sa chère maison par toute sorte d'arguments et de textes. Elle avait passé là onze années délicieuses, à ne pas se sentir vivre, irresponsable, anéantie en Dieu, dans une inconscience dont le réveil lui semblait bien dur et fatigant. « Allez, madame Ebsen, en ce siècle de matière, il n'y a pas d'autre refuge pour les âmes distinguées. »

La bonne dame suffoquait :

« Si on peut !... si on peut !... mais retournez-y donc à votre couvent... Un tas de paresseuses et de folles... »

A ce moment, un déluge de notes, d'arpèges, noyait, emportait la discussion. Les « verdures » s'animaient discrètement, en se rapprochant du piano ; et de sa voix limpide, un peu molle, Eline commençait une romance de Chopin. Puis c'était le tour de grand'mère, à qui l'on demandait quelque vieille chanson scandinave, que Lina traduisait à mesure pour Lorie. L'aïeule se redressait dans son fauteuil, chevrotait un air héroïque, la chanson du roi Christian « debout près du grand mât, tout enveloppé de fumée... », ou bien la mélancolique invocation à la patrie lointaine : « Danemark, avec tes champs et tes prairies splendides, fermés par l'onde bleue... »

..... A présent on ne chante plus chez les Ebsen. Le piano est muet, les bougies du salon éteintes. La vieille Danoise est partie vers un pays que rien ne ferme, des champs et des prairies splendides, mais si lointains et si vastes que personne n'en est revenu jamais.

IV

HEURES DU MATIN

LES petits Lorie étaient seuls à la maison quelques jours après la mort de grand'mère, le père au bureau, la bonne au marché, la porte à double tour comme à chaque sortie de Sylvanire qui gardait ses terreurs et ses méfiances de l'arrivée, croyait par exemple à un vaste trafic d'enfants volés, organisé dans Paris pour fournir la grand'ville de faiseurs de tours sur ses places, de joueurs de harpe devant ses cafés, et même, chose horrible à penser, d'excellents petits pâtés chauds. Aussi, lorsqu'elle laissait

Maurice et Fanny à la maison, entendaient-ils toujours la même recommandation de la mère bique à ses biquets : « Surtout, enfermez-vous... n'ouvrez à personne, excepté à Romain. »

Romain, l'homme au panier, celui qui intriguait tant la pauvre grand'mère, était arrivé d'Algérie quelques jours après eux, juste le temps d'installer là-bas son successeur; car il était fonctionnaire, lui aussi, portier, jardinier à la sous-préfecture, où il cumulait en outre les emplois de cocher, maître d'hôtel et mari de Sylvanire, oh! mais si peu que ce n'est pas la peine d'en parler. La Berrichonne avait eu beaucoup de mal à se décider à ce mariage. Depuis son affaire de Bourges, le plus joli homme de la terre ne lui aurait pas fait envie; encore moins ce petit Romain, *cheti,* bredouillon, la tête de moins qu'elle, avec ce teint d'omelette à l'huile rapporté du Sénégal où, en quittant la marine, il avait servi comme jardinier chez le gouverneur.

Mais les maîtres y tenaient. Et puis l'homme était si bon, si complaisant; adroit à tous les métiers, il arrangeait de si beaux bouquets grands comme des arbres, amusait les enfants de si jolies inventions, il lui coulait des petits yeux si tendres et depuis si longtemps qu'après avoir tout fait pour le décourager, jusqu'à lui raconter son malheur avec l'elève d'artillerie, Sylvanire finit par consentir : « Ça sera comme

vous voudrez, mon pauvre Romain, mais vrai!... »
et la mimique de ses fortes épaules semblait
dire : « Drôle d'idée que vous avez là... »

La réponse de Romain fut un bredouillement
passionné, mais inintelligible, au fond duquel se
démêlaient des serments de tendresse éternelle
et de furieux projets de vengeance contre le
corps de l'artillerie, « cré cochon ! » C'était son
mot : cré cochon ! Un tic dont rien n'avait pu
le défaire, le cri du cœur résumant tous ses
sentiments inexprimés. Le jour où l'amiral de
Genouilly le sauvait miraculeusement du conseil de guerre, le jour où la maîtresse de Sylvanire décidait sa bonne au mariage, Romain
avait remercié ainsi : « Cré cochon, mon amiral!... Cré cochon, madame Lorie!... » et cela
sous-entendait les plus belles protestations
reconnaissantes.

Mariés, leur vie resta la même, elle chez les
maîtres, lui à sa porte et au jardin, jamais
ensemble. La nuit, Sylvanire gardait sa malade ;
puis, madame partie, elle continua à coucher
en haut à cause des enfants, tandis que son
mari se morfondait tout seul à la loge, dans le
grand lit de l'administration. Après des mois
de ce régime sévère, à peine égayé de quelques
douceurs, la débâcle du patron était venue,
l'ordre à Sylvanire d'amener Maurice et Fanny.

« Eh ben, et moi? demanda Romain en fice-
ant les caisses.

— Vois ce que tu veux faire, mon pauvre homme... Moi, toujours, je m'en vas. »

Ce qu'il voulait, parbleu, c'etait vivre avec elle, être ensemble!... et du moment qu'elle lui promettait qu'a Paris, monsieur les prendrait tous deux, qu'on serait tout à fait en ménage, il renonçait à sa place sans regret.

Quand il arriva rue du Val-de-Grâce, devant le geste éloquent de Sylvanire lui montrant les petits, la misère, les caisses en tas, le pauvre mari ne trouva qu'un mot : « Cré cochon, ma femme!... » C'est pour le coup qu'on n'allait pas être ensemble. Plus besoin de cocher, ici, ni de jardinier, ni même de maître d'hôtel. « Sylvanire nous suffit pour le moment... » déclara M. Lorie de son air impérial, et il l'engagea à se chercher quelque chose au dehors, tout ceci n'étant, bien entendu, que transitoire. D'ailleurs, comme elle disait, il y a à Paris un tas de ménages en condition, qui sont forcés de vivre séparés; on se voit de loin en loin, on ne s'aime que davantage. Un large sourire s'étalait sous sa coiffe blanche à trois pièces, si engageant, si aimable. « Tiens bon, je vas me chercher quelque chose..., » dit Romain; et il faut convenir qu'il fut moins long que son préfet à se procurer de l'ouvrage.

Il n'eut qu'à descendre sur les berges de la Seine, se mêler à ce peuple de *tafouilleux* que nourrit la bonne rivière, pour avoir le choix entre plusieurs professions, déchargeur de bateaux, coltineur, garçon d'écluse, de lavoir. En définitive, il entra au barrage de la Monnaie, parce que c'était presque un emploi du gouvernement et qu'il avait, comme Lorie, la passion administrative. Sa place était dure, le tenait sans relâche; mais dès qu'il pouvait s'échapper, il accourait rue du Val-de-Grâce, toujours avec quelque surprise dans son grand panier, les profits du garçon d'écluse : tantôt au dépeçage d'un train de bois, trois ou quatre belles bûches encore humides d'un long flottage en haute Seine, ou bien un quarteron de pommes, un paquet de café. Ce qu'il apportait était pour Sylvanire, mais toute la maison en profitait, et souvent il se trouvait dans le tas une friture, une côte de bœuf, ou toute autre denrée absolument étrangère à la rivière.

Depuis quelque temps, les visites de Romain étaient plus rares. Il venait de passer maître éclusier au barrage de Petit-Port, à trois lieues de Paris : cent francs par mois, chauffage, éclairage, et le logement au bord de l'eau avec un jardin à côté pour faire des fleurs et *de la legume*. Une fortune !.. Pourtant il n'eût jamais accepté, jamais consenti à s'éloigner de Sylvanire, si elle ne l'avait exigé absolument. Voilà la belle saison qui arrivait, elle viendrait le voir avec les enfants, passer quelques jours. Ça leur ferait une campagne, à ces petits. Qu

sait même si un moment ou l'autre, on ne
s'installerait pas ensemble tout à fait. Elle n'avait pas voulu s'expliquer davantage; et l'eclusier, fou de joie, etait allé prendre possession
de son poste qui ne lui permettait que des
apparitions très courtes, de loin en loin, entre
deux trains.

Romain parti, plus d'exception quand la
bonne sortait, défense absolue d'ouvrir la porte.
Mais avec une ingénuité charmante, ces petits
Algériens, habitués au grand air et qui si longtemps avaient vécu derrière leurs volets clos
cachant la detresse du logis, ouvraient la fenêtre toute grande au ras de la rue, sans réfléchir
que, d'une enjambee, on serait chez eux. Quelle
crainte avoir d'une rue aussi paisible, où dormaient les chats au soleil, où les pattes roses
des pigeons grattaient entre les pavés? Puis on
était fier de se montrer, maintenant qu'on avait
des lits, des chaises, une armoire, des étagères
pour les cartons et les livres.

De l'ancien mobilier transformé par Sylvanire en bois de chauffage, il ne restait plus
qu'une ou deux caisses dans lesquelles l'élève
du Borda taillait des bâtiments à voile et à
rames. C'était sa façon de se préparer à Navale,
à ce jeune homme. Il tenait de Romain ce
goût des constructions nautiques; et de bonne
heure, Lorie-Dufresne, qui voulait voir là l'indice d'une vocation, avait pris l'habitude, les

soirs de réception à la sous-préfecture, quand les petits venaient au salon, de présenter son fils : « Voilà notre marin..., » ou de lui crier d'un air triomphant : « Hein? Maurice, le Borda !... »

D'abord, l'enfant fut enchanté du respect que montraient ses camarades pour cette vocation glorieuse, surtout pour sa casquette d'aspirant, une idée de la mère; puis quand cela devint sérieux, quand il vit arriver les mathématiques, la trigonométrie, aussi peu de son goût que l'Océan et les aventures, sa légende était faite, partout on l'appelait le marin, il n'osa plus protester. Dès lors, sa vie fut empoisonnée. Il prit cet air lamentable, abruti, affaissé sous la menace du Borda dont tout le monde le bombardait; son nez s'allongea sur les équations, les épures, les figures graphiques et géométriques de gros livres préparatoires trop forts pour lui, et il resta à perpétuité le futur élève de Navale, terrifié de tout ce qu'il devrait apprendre pour y entrer, plus épouvanté encore à l'idée que peut-être on pourrait l'y recevoir.

Malgré tout, le goût de son enfance persistait; et jamais il n'était plus content que lorsque Fanny lui disait : « Fais-moi un bateau. » En ce moment, il en construisait un superbe, un sloop comme le bassin du Luxembourg n'en aurait pas encore vu, et travaillait avec ardeur, tous ses outils sur l'appui de la fenêtre, marteau, scie, varlope, que la petite sœur lui passait à mesure, pendant que la marmaille du voisinage, pantalons en loques, bretelles tombantes sur les manches percées, le regardait de la rue avec admiration.

Tout à coup : « Gare donc ! Gare ! » Le pavé sonne, les chiens aboient, enfants et pigeons s'éparpillent pour laisser la place à une belle voiture de maître, chevaux pie et livrée marron, qui vient de s'arrêter juste devant la maison des Lorie. Une vieille femme en descend, grande, sèche, dans une robe noire à pèlerine pareille, qui darde sur les deux enfants des yeux méchants embusqués derrière de gros sourcils épais comme des moustaches.

« Est ce ici Mme Ebsen ? »

La mâchoire serrée, les poings aussi, l'élève du Borda répond avec un grand courage qu'admire sa petite sœur : « Non... l'étage au-dessus... » et vite, il pousse la fenêtre sur cette vision de dame noire comme il y en a toujours dans les histoires de Sylvanire, Fanny, tout bas, du bout des lèvres : « C'en est une, pour sûr.

— Je crois bien que oui. »

Puis, au bout d'un moment, quand les pas s'éloignent montant l'escalier : « As-tu vu comme elle nous a regardés ?... J'ai cru qu'elle entrerait par la fenêtre.

— J'aurais voulu voir ça... » répond la marine, sans conviction. Et tant qu'ils sentent cette femme là-haut sur leurs têtes, cette voiture en face d'eux qui leur masque la rue, ils restent immobiles, n'osant parler, respirer, ni planter un clou. Enfin on entend la voix de Mme Ebsen reconduisant quelqu'un sur le palier. Une robe passe dans le couloir, frôle la porte. Elle va sortir. L'elève du Borda, pour s'en assurer, soulève un coin du rideau et le rabaisse bien vite. La femme est là, qui le regarde goulûment derrière la vitre, comme si elle voulait l'emporter. Puis un battement de portière, des chevaux qui piaffent, s'enlèvent, et l'ombre que faisait la voiture devant la croisée s'en va comme un mauvais rêve. « Eh ben ! vrai... » dit la petite Fanny dans un soupir de soulagement.

Le soir, quand Lorie monta pour la leçon, il trouva Mme Ebsen toute remuée encore et glorieuse de sa belle visite.

« Mais oui, qui donc est venu ? On m'a parlé d'une voiture... »

Elle lui tendit fièrement une carte large et massive.

JEANNE AUTHEMAN

PRÉSIDENTE-FONDATRICE
DE L'ŒUVRE DES DAMES ÉVANGÉLISTES

Paris. — Port-Sauveur.

« Madame Autheman !... la femme du banquier !

— Pas elle-même, mais quelqu'un de sa part, pour demander a Lina de traduire un recueil de prières, de méditations. »

Et elle montrait un petit livre, à tranche dorée, posé sur la table, HEURES DU MATIN par Madame ***, avec cette épigraphe : *une femme a perdu le monde, une femme le sauvera.* Il fallait deux traductions, anglaise et allemande, que l'on payerait trois sous la prière, l'une dans l'autre.

« Singulier trafic, n'est-ce pas ? dit Lina sans lever la tête du devoir de Fanny qu'elle corrigeait.

— Mais non, Linette, je t'assure... A ce prix-là, on peut encore s'en tirer..., » répondit du ton le plus naturel la bonne madame Ebsen qui n'était pas mystique ; puis, baissant la voix pour ne pas troubler la leçon, elle parla à leur voisin de l'étrange personne qu'on lui avait envoyée, mademoiselle... le nom était sur la carte... *Anne de Beuil, à l'hôtel Autheman...* Oui, ma foi ! de Beuil en deux mots ; pourtant elle avait plutôt l'air d'une paysanne, d'une femme de charge, que d'une dame de la noblesse. Et sans gêne, et mêle-tout, voulant savoir qui ces dames voyaient, si elles connaissaient beaucoup de monde, regardant la photographie de Lina sur la cheminée et lui trouvant l'air un peu trop gai.

« Trop gai!... fit Lorie indigné, lui qui souffrait de voir une contrainte sur ce beau sourire de jeunesse, depuis la mort de grand'mère.

— Ah! elle m'en a dit bien d'autres... Que nous étions des âmes frivoles, que nous ne vivions pas assez avec Dieu... un prêche, un vrai prêche à grands bras et à citations... C'est dommage qu'Henriette ne soit plus là. Ça nous aurait fait une belle paire de prédicateurs.

— Mlle Briss est partie? demanda Lorie qui s'intéressait à cette affolée, sans doute parce qu'elle le trouvait excessivement pratique.

— Il y a huit jours, avec la princesse Souvorine qui l'emmène comme dame de compagnie... Une position superbe... pas d'enfants...

— Elle doit être contente?

— Désespérée... nous avons reçu de Vienne une lettre!... Elle regrette son bagne de la rue du Cherche-Midi... Ah! la pauvre Henriette?... » Et revenant à sa visite du matin, à ce reproche qu'on leur avait fait de ne pas vivre assez avec Dieu. « D'abord, pour Lina, ce n'est pas vrai... Tous les dimanches, elle a son orgue rue Chauchat et ne manque pas une Assemblée. Quant à moi, est-ce que j'ai jamais eu le temps d'être dévote?... J'aurais voulu la voir, cette demoiselle de Beuil, avec une vieille mère et un enfant sur les bras. Il fallait courir le cachet dès le petit jour, par toutes les saisons, à tous les bouts de Paris. Le soir, je tombais comme une pierre, sans la force d'une prière, d'une pensée. Mais est-ce que ce n'était pas de la piété aussi de procurer jusqu'au bout une heureuse existence à maman, et à Lina une belle éducation dont elle profite à présent ? Ah ! chère petite, elle n'aura pas les rudes commencements que j'ai eus, moi. »

S'animant au rappel de ses misères, elle racontait les leçons à vingt sous dans des arrière-boutiques à des nécessiteuses comme elle, l'échange qu'elle faisait quelquefois d'une leçon de français pour une heure de son allemand, et les exigences des parents, une jeune fille obèse qu'il fallait promener en lui apprenant les langues, les verbes irréguliers récités sous le vent, sous la pluie, de l'Arc de l'Étoile à la Bastille. Cela pendant des années, avec toutes les privations, les humiliations de la femme pauvre, les toilettes fanées, le déjeuner sacrifié aux six sous de l'omnibus, jusqu'au jour où elle était entrée comme professeur au pensionnat de Mme de Bourlon... un pensionnat très chic, rien que des filles de banquiers, de grands commerçants, Léonie Rougier, aujourd'hui comtesse d'Arlot, Déborah Becker, devenue la baronne Gerspach. C'est là aussi qu'elle avait connu une bizarre et jolie personne qu'on appelait Jeanne Châtelus, protestante exaltée, gardant toujours une petite bible dans sa poche, et faisant à ses compagnes, dans des coins de la cour de récréation, de véritables conférences religieuses. On disait qu'elle se marierait bientôt avec un jeune missionnaire et qu'ils iraient ensemble convertir les Bassoutos. Subitement, en effet, elle quitta la pension, et trois semaines après s'appelait... Mme Autheman.

Lorie eut un geste de surprise.

« Mais, oui, dit Mme Ebsen en souriant... Vous comprenez, entre un missionnaire sans le sou et le plus riche banquier de Paris... Par exemple, elle a eu du courage... Il est affreux, son mari... Toute une joue défigurée par une énorme loupe qu'il cache sous un bandeau de soie noire... C'est de famille, ces accidents à la peau, chez les Autheman. La mère en avait sur les mains, les bras, et portait nuit et jour des gants jusqu'au coude... Leurs cousins, les Becker, c'est la même chose... Mais le fils est encore le plus atteint, et il fallait une fière envie d'être riche pour épouser ça. »

Du coin de grand'mère, Lina, qui venait de finir la leçon et feuilletait les « heures du matin » sur la table, protesta de sa voix douce :

« Qu'en sais-tu, si c'est l'envie d'être riche ?... peut-être aussi un sentiment de pitié, le besoin de se dévouer, de se sacrifier à un pauvre être... Le monde est si méchant, il a la vue si courte ! » En parlant elle inclinait, vers les pages à traduire, ses lourdes nattes d'un blond argenté, ses joues duvetées, un peu pâlies par le chagrin ; et tout à coup, tournée à demi vers sa mère :

« Dis donc, maman, je crois que ceci me regarde, moi, la demoiselle trop gaie... écoute : *Le rire et la gaieté sont les apanages d'un cœur corrompu. Nos cœurs n'en ont pas besoin quand la paix de Dieu y règne.*

— Le fait est, dit la mère, que je ne l'ai jamais vue rire, cette petite Châtelus ; et tu comprends, comme c'est elle qui a fait le livre... »

Lina s'interrompit brusquement : « Voici qui est plus fort... » elle se dressa et lut toute frémissante : « *Un père, une mère, un mari, des enfants, déçoivent l'affection ; en tout cas, ils meurent. T'attacher son cœur, c'est faire un mauvais calcul.*

— Faut-il être *pedel*... fit Mme Ebsen, à qui tout son accent revenait dans un élan de vraie colère.

— Attendez la suite... » Elle reprit en accentuant les mots : « *Le bon calcul, c'est d'aimer Christ, de n'aimer que lui. Christ ne trompe pas, Christ ne meurt pas ; mais il est jaloux de notre affection et il la réclame tout entière. C'est pourquoi faisons la guerre aux idoles et chassons de nos cœurs tout ce qui pourrait rivaliser avec lui...* Tu

entends, maman ! c'est un péché de nous aimer... Il faut que tu m'arraches de ton cœur,
que le Christ soit entre nous et nous separe de
ses deux bras crucifiés...En voilà des infamies!...
Jamais je ne traduirai ça... »

Elle eut un geste violent, si extraordinaire
dans cette nature de douceur et de sérénité,
que l'enfant debout à côté d'elle en sentit le
contre coup nerveux, un frisson pâle sur sa
petite figure maigriote.

« Mais non... mais non... Je ne suis pas fâchée... » dit Eline, la prenant sur ses genoux,
la serrant d'une étreinte qui, sans qu'il sût
pourquoi, fit rougir Lorie de plaisir. La mère
s'apaisa la première :

« Va, Linette, nous avons bien tort de nous
emporter... S'il fallait prendre à cœur toutes
les sottises qu'on lit et qu'on entend !... C'est
vrai qu'elle est stupide, la prière de cette dame ;
mais ce n'est pas encore cela qui nous empêchera de nous aimer. »

Elles échangèrent une de ces confiances de
regard comme en ont seulement les êtres liés
par le sang.

« N'importe, dit Lina, toujours irritée, ces
folies sont contagieuses et peuvent faire beaucoup de mal... sur de jeunes têtes, des âmes
faibles...

— Je suis un peu de l'avis de mademoiselle,
dit Lorie, quoique cependant... »

Mme Ebsen haussait les épaules. « Laissez donc!... Qui est-ce qui lit ces choses-là ? » Ça n'avait pas plus d'importance que les petites brochures anglicanes qu'on distribue dans les Champs-Élysées comme des prospectus d'habillement ou de restaurants à prix fixe. Puis aussi le côté affaires. On ne se gênait pas avec Lorie. Eh bien! à trois sous la prière, il y avait de l'argent à gagner. Elles s'y mettraient à elles deux; après ce volume-là, bien sûr on en aurait d'autres, et quand on n'était pas riche, il ne fallait pas dédaigner un surcroît de gain, de quoi payer le trousseau de Lina, lorsqu'elle se marierait.

Avant la fin de la discussion, Lorie se leva subitement : « Allons, Fanny, dis bonsoir... » Ce salon des Ebsen, l'endroit du monde le plus gai, le plus amical pour lui, pour ses enfants, lui semblait lugubre maintenant, indifférent à sa vie. Il s'y sentait étranger, en visite; et cela tout simplement parce que la bonne Mme Ebsen l'avait mis à son plan d'homme déjà mûr, sans conséquence, en parlant devant lui du mariage de Lina.

Eh! oui, elle se marierait, cette charmante fille; elle se marierait bientôt, et celui qui l'aurait pourrait en être fier. Si instruite, si courageuse! Tant d'ordre, de raison, d'indulgente tendresse! C'est égal, cette idée le rendait triste, le poursuivait jusque chez lui, dans sa petite chambre sur le jardin. Les enfants couchaient à côté ; et il entendait le gazouillis de la fillette racontant à Sylvanire, en train de la déshabiller, ce qui s'était passé dans la soirée chez ces dames. « Mademoiselle a dit... mademoiselle s'est fâchée... » Elle tenait une si grande place auprès de la petite orpheline, cette mademoiselle. Mais, une fois mariée, elle aurait ses enfants, elle ne pourrait plus s'occuper de ceux des autres. Et le pauvre homme songeait comme Eline avait transformé la maison rien qu'en la traversant, un jour de douleur.

Alors, pour s'apaiser, il se mit, ainsi qu'il disait, « à faire un peu de classement. » C'était sa passion, le classement ; la suprême ressource aux inquiétudes, aux grandes tristesses. Cela consistait à mettre de l'ordre dans un tas de cartons verts étiquetés de numéros, de titres en écritures variées : *Lettres d'affaires, Famille, Politique, Divers*. Depuis le temps qu'il étiquetait ces liasses précieuses, jamais plus renouvelées, il était réduit à en changer les classifications, à les passer d'une chemise bleue dans une chemise marron ; et cela suffisait à sa manie.

Le paquet sur lequel il mit la main, ce soir-là, portait au milieu de la première page comme un nom gravé sur un tombeau : *Valentine*. Tout ce qui lui restait de sa femme, les lettres datées de l'année de la maladie, car jamais ils ne s'étaient quittés auparavant. Il y en avait beaucoup, et elles étaient longues. Les premières, pas trop tristes, pleines de tendres recommandations pour la santé des enfants, la sienne, et aussi de détails ménagers à l'adresse de Romain et de Sylvanire, toutes les inquiétudes de la mère absente. Puis, peu à peu, c'étaient des plaintes, des énervements maladifs. Bientôt venait la colère, et les désespoirs, les révoltes contre la destinée qu'elle sentait impitoyable, à peine voilée par le mensonge des médecins.

Au milieu des cris de douleur et des sanglots, toujours le souci de la maison, des enfants; un post-scriptum pour Sylvanire : « N'oubliez pas de faire carder les matelas. » Et l'écriture jaunie, qui parfois imbibait le papier comme mêlée de larmes, marquait aussi par ses tremblements, ses hésitations, ses grossissements de main trop faible, les progrès sinistres de la maladie. Celle de la dernière lettre ne ressemblait pas plus à l'écriture de la première, que le triste visage tiré et raviné, qui lui était apparu dans la chambre aux murs crépis des closiers d'Amboise, ne rappelait la femme qu'il avait embarquée un an auparavant, à peine touchée par le mal encore intérieur, et dont la fraîcheur mûre faisait retourner les mariniers du port.

Cette lettre-là, Valentine l'avait écrite derrière lui, quand elle l'envoyait à Paris pour

sauver sa place, sans lui dire qu'elle se sentait
mourir. « Je le savais bien, va, que c'était fini,
que nous ne nous reverrions plus ; mais il fallait te laisser partir, pour toi, pour nos enfants,
voir ce ministre tout de suite... Ah ! pauvres
jours comptés, qu'on n'a pas pu passer ensemble... Dire qu'avec un mari, deux enfants,
je vais mourir toute seule ! » Et après cette
plainte suprême, plus rien que des paroles de
résignation. Elle redevenait l'âme égale, pa-
tiente, qu'elle était dans sa vie de santé, l'en-
courageait, le conseillait. Bien sûr qu'il serait
replacé, le gouvernement ne voudrait pas se
priver d'un administrateur tel que lui. Mais la
maison, le ménage, l'éducation des enfants,
tout ce qu'un homme occupé de sa carrière
doit laisser à d'autres, c'est de cela que la mou-
rante s'inquiétait. Sylvanire, mariée, ne reste-
rait pas toujours là ; et puis, si dévouée qu'elle
fût, ce n'était qu'une servante.

Et lentement, délicatement, avec des mots
longtemps cherchés et qui avaient dû lui coûter
à écrire, car tout ce passage haletait de fragments, de cassures, elle lui parlait d'un mariage
possible, plus tard, quelque jour... Il était si
jeune encore... « Seulement, choisis-la bien ; et
donne à nos petits une mère qui soit vraiment
mère... »

Jamais ces dernières recommandations, re-
lues souvent depuis la mort, n'avaient impres-

sionné Lorie comme ce soir, pendant qu'il écoutait, dans le silence de la maison endormie, un pas tranquille de rangement, allant, venant à l'étage au-dessus. Une fenêtre se ferma, des rideaux grincèrent sur leur tringle ; et à travers de grosses larmes qui embuaient et allongeaient les mots, il continuait à lire et à relire : « Seulement, choisis-la bien... »

V

L'HOTEL AUTHEMAN

Ceux qui l'ont vu il y a dix ans, du vivant de la vieille mère, auraient peine à reconnaître l'hôtel des célèbres banquiers, un des plus anciens, des plus beaux qui soient restés dans le Marais, dressant au coin de la rue Pavée sa tourelle en moucharabie, ses hautes murailles vermiculées, ses fenêtres inégales, coiffées de frontons, de chapiteaux, avec des guirlandes autour des lucarnes sur les grands toits. A cette époque, il avait, comme ces demeures princières transformées en maisons de commerce, une physionomie vivante, industrielle, et sous son vaste porche un continuel va-et-vient de fourgons, traversant la cour immense, faisant le service entre la maison de Paris et les affineries de Petit-Port. Au fond, sur le large perron en pierre, se tenait le frère de madame, le vieux Becker, la plume à l'oreille, notant les arrivées et les envois des lingots expédiés dans des caisses de plomb, — car les Autheman étaient marchands d'or en ce temps-là, et fournissaient de matière brute tous les bijoutiers de France, — tandis que dans les vastes salons du rez-de-chaussée aux murs tout vaporeux de peintures mythologiques, la vieille femme juchée sur un bureau à forme de chaire, en taille, en chapeau, strictement gantée, avec le perchoir de sa perruche à côté d'elle, surveillait de haut les guichets, les balances, à l'achat comme à la vente, et criait à quelque commis, de sa voix dure et sifflante, dominant le bruit de l'or, les discussions du trafic : « Moïse, refais ton compte... tu as dix centigrammes de trop. »

Mais tout cela est bien changé depuis qu'à la mort de la mère ont disparu de chaque côté de la grande porte les plaques de marbre noir incrustées d'or : MAISON AUTHEMAN FONDÉE EN 1804. — VENTE ET ACHAT D'OR BRUT. Aujourd'hui, la maison ne fait plus que la banque, monnayant les lingots, remuant, promenant la fortune publique sans fourgons ni caisse plombée. Le coupé de Mme Jeanne Autheman résonne seul sur le pavé de la cour; et le matin où Lina passa le seuil de l'hôtel pour rapporter ses traductions, elle fut frappée du silence majestueux de ces vieilles murailles.

Le concierge avait la redingote longue, la cravate blanche d'un concierge de temple. Lorsqu'elle s'engagea sous le porche de gauche dans l'escalier de pierre très ancien, avec des recoins, des jours de cathédrale dus à des irrégularités de construction, le timbre qui l'annonçait, en retentissant deux fois, éveilla tant d'échos de vide, de solitude, une telle solennité religieuse, que le cœur lui battit d'une émotion indéfinissable.

Anne de Beuil qui la reçut, brusque, la voix rauque, son petit œil enfoncé sous de gros sourcils, lui annonça que la présidente la verrait tout à l'heure... « Vous avez les prières?... Donnez... » Et elle disparut par une haute porte à trumeaux dont les peintures avaient été badigeonnées d'une teinte sombre mieux en rapport avec les meubles et la tenture du parloir.

Eline attendait assise sur un banc de bois, un banc d'église pareil à d'autres rangés autour de la salle ou empilés tout au fond devant un harmonium empaqueté de serge; mais les fenêtres garnies de vitraux de couleur donnaient une lumière si vague que la jeune fille ne distinguait pas bien cet endroit étrange, pas plus qu'elle ne pouvait lire ce qu'il y avait d'écrit sur les vieilles boiseries où voltigeaient naguère des guirlandes d'amours semant des roses, des Flore et des Pomone aux frais attributs.

De la pièce voisine venaient des plaintes, des sanglots, le murmure d'une voix grondante. En s'éloignant jusqu'au bout du banc pour ne plus entendre ce bruit triste qui l'impressionnait, son mouvement réveilla quelqu'un dans cette salle où elle se croyait seule, et une voix cria tout près d'elle : « Moïse... Moïse, refais ton compte. »

Un angle de jour venu de la porte, qui s'ouvrait à ce moment, lui montra une perruche dans une grande cage, une vieille perruche aux plumes emmêlées, au bec dégarni, faite pour augmenter toutes les croyances sur la longévité de ces oiseaux. « La présidente vous attend, mademoiselle..., » dit en même temps Anne de Beuil qui traversait le parloir, accompagnée d'une longue créature, pâle, hagarde, les yeux rougis sous son voile de voyage ; et tout à coup, apercevant elle aussi la perruche qui s'effarait à son approche : « Ah ! sale vermine d'hérétique... te voilà encore !... » Elle bondit sur la cage, l'emporta en la secouant de fureur, faisant sauter l'eau, les graines, le petit miroir cassé, pendant que la malheureuse bête, de sa voix ébréchée et avec son entêtement de vieille, appelait... « Moïse... Moïse... » aussi fort qu'elle pouvait et lui ordonnait de refaire son compte.

Eline entra chez Mme Autheman qu'elle trouva à son bureau dans un grand cabinet d'homme d'affaires, et dont le front étroit, bombé sous de plats bandeaux noirs, le nez fin, la bouche rentrée, la saisirent tout d'abord.

« Asseyez-vous, mon enfant. »

Sa voix avait la froideur de son teint, de sa jeunesse finissante, de ses trente-cinq ans, serrés non sans une certaine coquetterie de jolie femme dans la robe unie, le camail religieux d'Anne de Beuil, en drap plus riche, mais de même couleur sombre. Droite comme un clergyman, elle écrivait lentement, régulièrement, et la lettre finie, cachetait, sonnait, remettait un paquet de missives au domestique, désignant chacune d'une brève indication autoritaire : « Pour Londres... Genève... Zurich... Port-Sauveur... » On eût dit l'heure du courrier dans une grande maison de commerce. Puis lasse d'un effort intérieur, elle se renversa dans son dur fauteuil de bureau, et croisant ses mains sur sa pèlerine, elle regarda Eline avec un sourire tendre qui lui mit aux yeux, au lieu de flamme, comme un reflet bleuâtre de glacier.

« La voilà donc, cette petite merveille... »
Et, tout de suite, de grands compliments sur les traductions qu'elle venait de parcourir. Jamais

aucun de ses traités n'avait été compris et rendu avec autant d'intelligence et de précision. Elle espérait bien qu'Eline travaillerait souvent pour elle.

« A propos, que je vous paye. »

Elle prit la plume, fit l'opération très vite sur un coin de buvard, aussi sûrement qu'un comptable... Six cents prières à quinze centimes... Tant pour l'allemand... Tant pour l'anglais... Elle remit à la jeune fille un chèque de la somme, à toucher en bas à la caisse; puis la voyant se lever, elle la fit rasseoir, pour lui parler de sa mère qu'elle avait connue autrefois chez Mme de Bourlon, et de cette pauvre grand'mère enlevée dernièrement d'une façon si prompte et si cruelle. « Au moins, dit-elle à Eline bien en face, aiguisant et dardant ses yeux clairs, — au moins, a-t-elle connu le Sauveur avant de mourir?... »

Lina troublée ne sut que répondre, incapable de mensonge, même si la présidente n'eût pas semblé au fait des moindres détails de leur vie. C'est vrai que grand'mère n'était pas pratiquante. Dans la dernière année surtout, soit indifférence, soit crainte superstitieuse, elle ne parlait jamais de religion, cramponnée au matériel de sa pauvre existence prête à lui échapper. Puis cette fin subite, presque foudroyante, le pasteur arrivant quand tout était fini, la dernière parure faite, les draps blancs repliés sur

le corps froid... Non, on ne pouvait pas dire
que grand'mère eût connu le Sauveur avant de
mourir.

« Ah! pauvre âme privée de la gloire de
Dieu... »

La voix changée, les mains jointes, Mme Autheman s'était levée dans un mouvement oratoire...

« Où es-tu maintenant, pauvre âme ? Comme
tu souffres, comme tu maudis ceux qui t'ont
laissée sans secours... » Elle continua sur ce
ton prophétique, mais Eline ne l'entendait plus,
d'abord gênée, puis le cœur serré, les larmes
prêtes, à l'idée que sa grand'mère pouvait souffrir et par sa faute. C'était, cette Eline Ebsen,
sous des dehors tranquilles, une âme vibrante
où dormait toute la femme du Nord, sentimentale et mystique. « Grand'mère souffre... » Son
cœur éclata, sorti de son enveloppe enfantine,
en sanglots qui la suffoquèrent, gonflèrent ses
molles fibres de blonde et les lignes arrondies
de son visage.

« Allons, allons... Calmez-vous... »

Mme Autheman s'approcha, lui prit la main.
Elle savait par M. Birk qu'Eline avait de bons
sentiments et remplissait, selon le monde, ses
devoirs de chrétienne ; mais Dieu exigeait davantage, d'elle surtout, qui vivait entourée d'indifférence. Il lui fallait acquérir la foi pour ceux
qui en manquaient, une foi large, et haute, et

protégeante, pareille à ce grand arbre dans lequel les oiseaux du ciel font leur nid. Le moyen ? Rechercher les milieux spirituels, les âmes qui ne se réunissent qu'en Christ. « Venez me voir souvent, soit ici, soit à Port-Sauveur ; je serai heureuse de vous accueillir... Nous avons aussi dans Paris de bonnes réunions de prières... Prochainement, une de mes *ouvrières*, — elle souligna le mot, — celle qui sortait d'ici tout à l'heure, doit faire un témoignage public à l'Évangile... Vous viendrez, vous l'er tendrez, son cri enflammera votre zèle... Maintenant, allez ; l'heure me presse. » Elle eut le geste de la congédier, peut être de la bénir. « Surtout, ne pleurez plus... Je vous recommanderai à celui qui sauve et pardonne... » Elle en parlait sur un ton d'assurance comme de quelqu'un qui n'avait rien à lui refuser.

Eline sortit de là bouleversée. Dans son trouble, elle oubliait le chèque à toucher et revint sur ses pas jusqu'au large perron où s'ouvraient trois hautes portes vitrées, masquées à moitié de toile verte. C'était le comptoir toujours pareil d'une maison de banque, avec ses guichets, ses grillages, du monde qui attend et circule, les piles d'écus remuées ; mais ici comme au premier, quelque chose de froid et d'austère, une réserve dans l'attitude des employés, le même badigeonnage sombre recouvrant les allégories du plafond et des murs, les nuageux dessus de porte qui faisaient la gloire ancienne de l'hôtel Autheman.

On l'adressa à un guichet spécial, ouvert au-dessous d'un écriteau : *Port-Sauveur*. Dans la cage grillée, derrière le caissier et lisant par-dessus son épaule, un homme leva la tête à l'avance timide du chèque et montra une pauvre figure creuse, aux yeux caves, la joue tuméfiée sous un bandeau de soie noire qui ne lui laissait qu'un profil d'une expression amère et navrée. Eline songeait : « C'est Autheman... Qu'il est laid ! — N'est-ce pas ? » sembla répondre le sourire du banquier, qui la regardait tristement...

Tout le long de la route, poursuivie par le navrement de ce sourire de travers dans cette face de lépreux, elle se demandait comment une jeune fille avait pu se résigner à un mari pareil. Par bonté, par cet amour pitoyable des femmes pour les disgraciés? La protestante rigide qu'elle venait de voir lui paraissait bien au-dessus de ces faiblesses, trop élevée aussi pour d'avilissantes questions d'argent. Alors, quoi? Mais pour expliquer le mystère de cette nature étrange, de ce cœur fermé comme un temple en semaine, livré au vide, au silence des lieux de prières déserts, il aurait fallu connaître l'histoire de cette Jeanne Châtelus, l'ancienne élève du pensionnat de Bourlon.

Elle était Lyonnaise, fille d'un riche marchand

de soie, Châtelus et Treilhard, une des plus importantes maisons de la ville ; née aux Brotteaux, en face de ce grand Rhône, qui, si vif et si joyeux lorsqu'il entre dans Arles ou Avignon, au carillon des cloches et des cigales, emprunte aux brumes lyonnaises, au ciel lourd ou rayé de pluie, la couleur terne de ses eaux, sans rien perdre de sa violence, et reflète bien cette race emportée et froide, au caractère de volonté et de mélancolique exaltation. La nature de Jeanne était de ce pays, développée encore par le milieu et les circonstances.

La mère étant morte jeune, le père, tout à son commerce, avait confié l'éducation de l'enfant à une vieille tante, d'un protestantisme étroit, exagéré, noyé de menues pratiques. Aucune distraction que les exercices du dimanche au temple, ou, l'hiver, quand il pleuvait, — et il pleut souvent à Lyon, — un culte de famille dans le grand salon qu'on n'ouvrait que ce jour-là et qui réunissait, sur ses meubles garnis de housses, le père, la tante, l'institutrice anglaise, les domestiques.

Longuement, la tante nasillait prières et lectures, tandis que le père écoutait, une main sur les yeux, comme absorbé dans la contemplation divine, en réalité pensant au mouvement boursier de ses soies, et que Jeanne, déjà sérieuse, s'assombrissait dans les idées de mort, de châtiment, de péché originel, ne levant les yeux de son recueil chrétien que pour apercevoir, derrière les vitres ruisselantes, le grand Rhône blafard et violent, vagué et troublé comme une mer après l'orage.

Cette éducation rendit très difficile pour l'enfant le moment de la croissance. Elle devint chétive, nerveuse; et l'on ordonna des voyages de montagne, des séjours dans l'Engadine, à Montreux, près de Genève, ou dans une de ces vertes stations reflétées par la tristesse fermée, le noir de gouffre du lac des Quatre-Cantons. On s'installa, une saison, et quand Jeanne avait dix-huit ans, à Grindelwald, dans les Alpes Bernoises; un petit village de guides, sur un plateau, au pied du Wetterhorn, du Silberhorn, de la Jungfrau, dont la fine corne éblouissante s'aperçoit entre une multitude de pics neigeux et de glaciers.

On vient là en excursion pour déjeuner, prendre un guide, des chevaux; et tout le jour, sur l'unique ruelle en montée, c'est un tumulte, un encombrement, des arrivées et des départs de touristes, l'alpenstock à la main, ou formant de longues caravanes qui disparaissent par les sentiers tournants, cadencées au pas lent des bêtes, au pas pesant des porteurs, avec des flottements de voiles bleus entre les haies. La tante Châtelus découvrit pourtant au fond d'un jardin d'hôtel un chalet disponible, à l'écart du train des ascensionnistes, dans une situation délicieuse, en face d'une forêt de sapins dont les fraîches émanations se confondaient avec l'odeur résineuse des chambres, au bas de neiges éternelles où l'arc-en-ciel se découpait, à certaines heures, en délicatesses de bleu et de rose exquis.

Pas d'autre bruit que le grondement lointain d'un torrent sur les pierres, le bouillonnement de son écume, la cantilène à cinq notes du cor des Alpes en écho parmi les forêts et les roches, ou la sourde détonation d'une avalanche se mêlant au canon que l'on tirait dans une grotte sur la route du petit glacier. Parfois, dans la nuit, la tempête soufflait du Nord, et au matin, sous le ciel eblouissant, une poussière de neige blanchissait légèrement, d'un blanc de dentelle, brodé, transparent, les pentes abruptes, les sapins, les pâturages, pour se fondre au soleil de midi en une foule de petits ruisselets de vif argent dégringolant des hauteurs, se perdant entre les verdures et les pierres, ou formant des chutes avec un lent mouvement d'eau.

Mais ces merveilles de la nature alpestre étaient perdues pour Jeanne et sa tante qui passaient leurs après-midi au rez-de-chaussée du chalet, en compagnie de vieilles piétistes anglaises, genevoises, à organiser des meetings de prières. Les rideaux tirés, les bougies allumées, on chantait des cantiques, on lisait des oraisons, puis chacune de ces dames développait un texte de la Bible aussi subtilement qu'un prédicateur de profession. Les pasteurs ne manquaient pourtant pas à l'hôtel de la *Jungfrau*, ni les étudiants en théologie de Lauzanne et de Genève; mais ces messieurs, presque tous membres du Club alpin, ne s'occupaient guère que d'ascensions. On les voyait defiler le matin sur la montée, avec des piolets, des cordes, des guides; puis le soir ils se reposaient en jouant aux échecs, lisant les journaux, et même les plus jeunes dansaient au piano ou chantaient des chansonnettes comiques.

« Et ce sont nos prêtres! » disaient les vieilles mômières indignées, secouant leurs cheveux fades ou les coques de leurs bonnets revêches. Ah! si on les chargeait de répandre l'Évangile, elles y mettraient une autre ardeur, une foi communicative à embraser le monde. Ce rêve de l'apostolat de la femme revenait dans toutes leurs discussions. Et pourquoi pas des femmes prêtres, comme il y avait des femmes bacheliers, des femmes médecins? Le fait est qu'on aurait pu les prendre toutes pour de vieux clergymans, avec leurs teints échauffés ou blafards, ces plates robes noires où rien de leur sexe n'apparaissait.

Jeanne Châtelus s'imprégnait de cette mysticité ambiante, transformée en elle par l'ardeur de sa jeunesse; et ce n'était pas la moindre curiosité des meetings de l'hôtel que le commentaire des Saintes Écritures par cette enfant de dix-huit ans, inquiétante et jolie, les cheveux noirs à plat sur son front saillant, la bouche amincie de volonté et d'intérieure méditation. Les voyageurs se faisaient dévots pour l'entendre; et la bonne du chalet, une forte Suissesse coiffée d'un grand papillon de tulle, avait été tellement remuée par ses sermons qu'elle en restait comme ébervigée, pleurant ses fautes dans le chocolat du matin, parlant seule et prophétisant pendant qu'elle balayait les chambres et lavait les corridors.

On citait encore d'autres exemples de la pieuse influence de Jeanne. Un guide du village, Christian Inebnit, ramassé au fond d'une crevasse après une chute terrible, agonisait depuis dix jours d'abominables tortures, remplissant son chenil de hurlements et de blasphèmes, malgré les visites et les exhortations du pasteur. Jeanne alla le voir, s'installa sur l'escabeau du chevet, et doucement, patiemment, reconcilia ce malheureux avec le Sauveur, le fit s'endormir dans la mort, aussi calme, aussi inconscient que sa marmotte, prise — sous son petit toit de branches — de son engourdissement de six mois d'hiver.

Ces succès achevèrent d'exalter la jeune Lyonnaise. Elle se crut marquée pour la mission évangélique, écrivit le soir dans sa chambre des prières et des méditations, affecta de plus en plus une correction austère, parlant toujours comme au meeting, entremêlant ses discours de textes, de centons bibliques... « *Une femme a perdu le monde, une femme le sauvera.* » Cette devise ambitieuse qu'elle devait adopter plus tard sur son papier à lettres, jusque dans l'intérieur de ses bracelets et de ses bagues, où les autres femmes mettent un souvenir tendre, un chiffre d'amour, cette devise se formulait vaguement dans sa jeune tête, et l'œuvre des Dames Évangélistes y remuait déjà en germe, lointaine, indécise, perdue entre les mille projets confus de son âge intermédiaire, quand un hasard détermina sa vie.

Parmi les dames du meeting, une Genevoise la choyait tout particulièrement, la mère d'un étudiant en théologie, solide grand garçon qui se destinait aux missions étrangères et, en attendant d'aller évangéliser les Bassoutos, s'entraînait violemment, grimpait aux pics, montait à cheval, sablait le champagne suisse et *yaudlait* à toute gorge comme un pâtre de l'Oberland. La Genevoise vit en Mlle Châtelus, qu'elle savait très riche, un parti superbe pour son fils et prépara fort habilement le mariage, en exaltant l'héroïsme du jeune missionnaire prêt au départ et à l'exi' pour Jésus.

Quelle joie si son pauvre enfant, avant de

s'expatrier, avait pu trouver une épouse vraiment chrétienne consentant à le suivre dans sa mission évangélique, à l'aider, à le suppléer au besoin ! Quelle noble existence de femme, quelle belle occasion d'apostolat ! Une fois entrée dans l'esprit de Jeanne, l'idée y fit son chemin toute seule, comme ces barbes d'ivraie que les enfants introduisent dans leur manche et qui grimpent plus haut à chaque mouvement du bras.

Le hasard aidant la finesse maternelle, les jeunes gens s'étaient convenus; et si peu sur la terre que fût Mlle Châtelus, il est probable que la taille élégante du jeune théologien, sa figure énergique et brune sous la petite casquette blanche des universités de Genève, l'impressionnèrent favorablement. Peu à peu elle s'habituait à songer à lui, le mêlait à ses projets d'avenir, s'inquiétait même de ses fréquentes et dangereuses ascensions, et quand il n'était pas rentré le soir, s'attardait à regarder de sa fenêtre une lumière à des hauteurs inaccessibles, la petite lampe d'un de ces refuges que le Club alpin a fait construire sur tous les pics où les excursionnistes trouvent du feu et un lit de planches dures.

La froide jeune fille pensait avec douceur : « Il est là !... il ne lui est rien arrivé..., » et elle s'endormait tout heureuse, un peu surprise, — elle, l'enfant sans mère et sans tendresse, dont les sentiments s'étaient bornés jusque-là à aimer Dieu et haïr le péché, — de sentir remuer son cœur autrement qu'en Jésus. Encore la passion religieuse avait-elle une grande part dans cet amour. Quand ils se parlèrent pour se fiancer, sans témoins, au bord de la Mer de glace, devant cet horizon figé dans son mouvement de vagues, ce qu'ils se dirent n'aurait pas été déplacé au temple : des protestations et des promesses froides comme la bise d'hiver qui soufflait par ces premiers jours de septembre avec un goût de neige, âpre à respirer.

Ils jurèrent d'être l'un à l'autre, de s'employer à répandre l'Évangile, la gloire et la parole du vrai Dieu, pendant que les pierres de la *moraine* s'ébranlaient, roulaient sous leurs pieds, ternissant de leur grise poussière les cristaux bleus du glacier. Il étudierait encore un an avant d'être pasteur; elle, pendant ce temps, travaillerait à s'armer pour la mission sainte, ils s'écriraient toutes les semaines. Et ceci convenu et promis, la main dans la main, ils restèrent serrés l'un contre l'autre sans parler, le Genevois plus rassis que sa compagne, relevant son collet parce qu'il grelottait, elle brûlant d'une fièvre de prosélyte, la joue de ce même rose ardent que le soleil couché jetait encore sur les cimes solides et givrées de la Jungfrau.

On s'écrivit donc tout un an, amour et
théologie mêlés, la correspondance d'Héloïse
et de son maître, corrigée, réfrigérée par le
protestantisme ; et comme Jeanne voulait très
sérieusement se consacrer à sa mission, elle alla
étudier l'anglais et la géographie à Paris, chez
Mme de Bourlon où elle devait passer les quelques mois qui la separaient de son mariage
Si étrange qu'elle parût à toutes ces Parisiennes
riches et coquettes, Jeanne Châtelus s'imposa
par la conviction de sa foi, ses allures sibyl-
lines, la légende de ses fiançailles et de son
prochain départ pour les missions. Elle menait
d'ailleurs une vie à part, ayant en dehors des
classes le privilège d'une petite chambre tout
au bout du dortoir, où deux ou trois de ses
amies, des grandes, veillaient le soir avec elle.

Là, comme sous les platanes de la récréation,
Jeanne répandait la bonne nouvelle, essayait la
puissance magnétique de sa parole et de ses
regards, son indomptable volonté de prosélytisme ; elle formait de véritables catéchumènes,
une entre autres, Deborah Becker, grande juive
aux cheveux cuivrés, la nièce de la veuve Autheman. Sur son teint laiteux de rousse, cette
jolie Déborah avait reçu quelques éclaboussures du mal héréditaire dans la famille des
marchands d'or. Aux changements de saison,
sa figure, son cou, ses bras s'éraflaient de
dartres sanglantes comme si elle eût traversé

un buisson d'épines; et elle était obligée de rester quelques jours à l'infirmerie, couverte d'amidon et d'onguents.

Les autres pensionnaires, jalouses de son immense fortune, disaient : « C'est l'or des Autheman qu'elle sue ! » Mais Jeanne voyait et lui montrait là un châtiment providentiel, la colère de Dieu pesant sur une race qui s'obstinait à ne pas le connaître; et elle tourmentait cette âme faible de sermons, de longues controverses théologiques, jusque sous les ombrages de Petit-Port, chez la veuve Autheman où Déborah emmenait souvent son amie. La fille d'Israel se sentait ébranlée, toute prête à abjurer, à quitter son père, sa famille, pour suivre Jeanne, aller vivre avec elle et son mari sous la tente, comme Paul au désert; tellement elle s'y entendait déjà, l'Évangéliste, à détacher les âmes de leurs affections naturelles, à les offrir à Jésus, encore toutes palpitantes et meurtries des liens rompus!

Mais sur ces entrefaites, une crise commerciale atteignit la place de Lyon, ruina complètement Châtelus et Treilhard, et changea du tout au tout les projets de mariage du jeune théologien. On mit des formes à la rupture; mais elle eut lieu, sous le prétexte que la santé du futur missionnaire ne supporterait décidément pas les grands voyages projetés, et aussi parce qu'il comprenait bien que les vertus, les hautes aptitudes apostoliques de Mlle Châtelus ne pourraient s'exercer glorieusement dans la modeste cure du canton d'Apenzell a laquelle il se résignait.

Jeanne, sans se plaindre, sans rien laisser voir, reçut de cette basse et humiliante rupture un coup terrible. Pendant les deux mois qu'elle passa encore chez Mme de Bourlon, personne, excepté Deborah, ne connut ce changement subit de sa destinée. Elle continua à commenter sa bible, à edifier la cour des grandes, cachant desormais sous ses dehors de sérénite un écœurement profond, un mepris de l'homme et de la vie, l'abîme ouvert dans cette âme de rancune par sa première et unique déception amoureuse. La tête seule survécut au désastre, et le foyer mystique brûlant sous ce front d'illuminée. Sa religiosité s'accrut encore, mais implacable, farouche, allant aux textes désesperés, aux formules de malediction et de châtiment. Et toujours ce rêve d'évangéliser, de sauver le monde, avec une sourde colère contre l'impuissance où la tenait le manque d'argent. Comment partir seule, maintenant, chez les infidèles?

La pensée lui vint d'entrer aux diaconesses de la rue de Reuilly; mais elle savait l'esprit et la règle de la maison, et que ces religieuses à demi civiles s'occupent surtout de visiter, de soigner les maux et les misères. Or, le souci

de la guenille humaine l'écœurait, et la pitié
lui semblait irréligieuse, puisque les plaies,
morales ou physiques, sont autant d'épreuves
bénies qui doivent nous rapprocher de Dieu.

Un jeudi, on l'appela au parloir où elle
trouva la vieille mère Autheman, dans son
éternelle capote blanche et ses gants clairs,
informée de la rupture avec le missionnaire, et
venant demander à Jeanne d'épouser son fils.
La Lyonnaise voulut une semaine pour réfléchir. Elle avait vu souvent à Petit-Port ce grand
garçon taciturne, assombri par l'infirmité de sa
figure, essayant de cacher à table sous sa main
le bandeau noir que ballonnait son affreux
mal, et, comme il arrive aux visages voilés
ou masqués, concentrant dans ses yeux une
acuité, une ardeur extraordinaire. Elle y pensa,
de souvenir, sans frayeur. Tous les hommes a
présent se ressemblaient et se valaient pour
elle. Laideur intime ou visible, ils étaient tous
atteints. Mais la fortune la tentait, une fortune
colossale, à mettre au service d'œuvres pieuses.
Elle eût accepté tout de suite, sans l'idée
d'épouser un juif, un réprouvé. Une heure de
conversation avec Autheman, éperdument
épris, leva ses scrupules ; et le mariage eut lieu
au temple, non à la synagogue, malgré les cris
de tout Israel.

Sitôt mariée, Jeanne se mit à son œuvre
d'évangélisation, en plein Paris, comme si elle

eût été chez les Cafres, aidée de toutes les ressources d'une immense fortune; car la caisse des Autheman lui fut ouverte et les hautes cheminées de Petit-Port fumaient nuit et jour, l'or se liquéfiait dans les creusets, les fourgons roulaient lourds de lingots, de quoi racheter les âmes de l'univers entier. Elle eut des réunions de prières dans son salon de la rue Pavée, des prêches, d'abord restreints, dont la veuve Autheman entendait, le soir en montant chez elle, les cantiques et les accompagnements d'harmonium, de même qu'elle croisait dans l'escalier de bizarres et faméliques visages d'hallucinés, des habits râpés, des waterproofs pleins de boue, le troupeau triste et fidèle des catéchumènes besogneux. Elle s'étonnait bien un peu de cette vie austère, de ce renoncement au monde chez une jeune et jolie femme; mais son fils était heureux, peut-être même voyait-elle dans ces mômeries une sécurité pour le pauvre infirme, et loin de retenir sa bru, elle lui facilitait sa mission. Ah! si elle avait su qu'un des premiers et plus ardents convertis était le mari de Jeanne, et qu'il n'attendait que la mort de sa mère pour se faire « recevoir » et abjurer publiquement!

Ce fut un des événements de la fin de l'Empire que cette réception de l'israélite Autheman au temple de l'Oratoire. Dès lors, chaque dimanche, on vit au banc des anciens et des

diacres, en face de la chaire, la figure en lame
de couteau, la joue défigurée et voilée du célè-
bre marchand d'or; et sa conversion valut à
Jeanne une véritable influence. Elle devint la
« madame Guyon » du protestantisme, droite
dans sa vie, persévérante dans son œuvre,
estimée même de ceux qui avaient traité son
exaltation de folie. Pour répandre la bonne
nouvelle aux quatre coins de Paris, elle loua
dans les quartiers populeux de grandes salles
où elle allait prêcher à certains jours de la
semaine, n'ayant d'abord pour acolyte et pour
apôtre qu'une vieille fille, ancienne infirmière
et lingère chez Mme de Bourlon, calviniste
enragée, issue d'une famille de gentilshommes
charentais déchue par les persécutions et retournée à ses origines paysannes.

La religion de cette Anne de Beuil gardait le
fanatisme farouche et traqué de la Réforme au
temps des guerres. La femme en avait l'œil
guetteur, méfiant, l'âme prête au martyre
comme à la bataille, le mépris de la mort et du
ridicule; grossière avec cela et l'accent de sa
province, entrant — les jours de prêche —
dans les ateliers, les blanchisseries, jusque
dans les casernes, semant l'argent quand il le
fallait, pour amener du monde à l'Évangile.

En même temps, l'hôtel de la rue Pavée
changea d'aspect. Jeanne, tout en conservant
la maison de banque, supprima le trafic d'or

qui sentait trop la juiverie. L'oncle Becker alla installer ailleurs son commerce; et les affineries de Petit Port ou plutôt de Port-Sauveur abattues, on éleva à la place un temple et des écoles évangéliques. Bientôt, de l'ancienne maison des Autheman, il ne resta plus que l'antique perruche de la mère, à laquelle le banquier tenait beaucoup, mais qu'Anne de Beuil détestait, bousculait, chassait de chambre en chambre comme le dernier debris de cette race de reprouvés, l'image vivante de la vieille revendeuse d'or dont la bête avait bien la voix dure et la courbe de nez hebraïque.

VI

L'ÉCLUSE

« ROMAIN!.... Voilà Romain!... »
Ce cri de joie de la petite Fanny, au moment où le train s'arrêtait à la gare d'Ablon, mit aux portières une rangée de têtes allumées, tapageuses, têtes de Parisiens échappés faisant leur première partie de campagne de la saison dans l'air vif et le gai soleil d'un joli lundi de Pâques; et l'aspect rigolo du petit homme, son rire de sapajou ouvert jusqu'aux oreilles, répondant à la bonne humeur générale, ce fut d'un bout à l'autre du train le même appel retentissant,

module, sur tous les tons, des « Voilà Romain !... Bonjour, Romain !... Ohé, Romain, ohé !... » qui donnèrent pour une minute à l'eclusier, debout tout flambant sur le quai de la gare, l'assourdissante ivresse de la popularité.

« Eh ! bon Dieu, qu'est-ce qu'ils ont donc après toi, mon pauvre homme ? fit Sylvanire epouvantee, sautant du wagon la première, la petite Fanny dans ses bras.

— Ils sont contents, ils s'amusent... mais, cré cochon !... j'ai encore plus d'agrément qu'eux. »

Et se hissant jusqu'aux joues vermeilles de sa femme, il les fit claquer d'un gros baiser qui redoubla les rires aux portieres ; puis il s'élança pour donner la main à Mme Ebsen et à sa fille, mais Lorie qui était dans le wagon l'avait déjà prévenu et faisait descendre ces dames du geste respectueusement anéanti dont il recevait jadis l'impératrice Eugénie débarquant sur le quai de Cherchell.

« Et Maurice ?... demanda Fanny cherchant son frère aux côtés de Romain.

— M. Maurice est à l'écluse, mamzelle. Je l'ai laisse avec Baraquin pour aider à la manœuvre... Par ici la sortie, monsieur, mesdames... »

Chargé des manteaux, des parapluies de tout le monde, d'un petit pas alerte et serre où l'on sentait le désir retenu de courir, de gambader, l'éclusier se précipita vers la barrière, pendant que le train secouait sa fumée au départ, en criant de ses mille voix gamines :

« Romain !... Ohé, Romain ! »

C'était une idée de Sylvanire, devant la mine abrutie et lamentable de l'élève du Borda toujours le nez allongé sur ses livres, de l'envoyer se distraire au bon air de la campagne; et Lorie avait d'autant mieux consenti qu'avec son sens utilitaire de la vie, il voyait là pour le jeune homme une occasion de pousser ses études navales du côté pratique. Maurice était à l'écluse depuis trois semaines, lorsque, profitant d'un jour de vacances, sans leçons ni ministère, on avait fait la partie de venir le voir en bande. Quelle fierté pour Romain de recevoir son ancien préfet et ces deux belles dames, quelle joie de faire à Sylvanire les honneurs de ce domicile conjugal où bientôt peut-être... mais motus ! Ça, c'était un secret entre eux deux.

D'Ablon à Petit-Port il n'y a guère plus de trois kilomètres que parcourt un omnibus à tous les trains; mais l'éclusier, pour faire mieux les choses, avait pris son bateau de service, un large bachot vert, repeint de frais, où tout le monde s'installa, la petite fille à l'arrière entre Eline et Mme Ebsen, Lorie sur la banquette en face, Sylvanire à l'avant, qu'elle emplissait avec sa robe de ce bleu de bonne qui semble une livrée et sa coiffe blanche tuyautée a la paille. Romain, leste comme un rat, sauta le dernier en poussant la berge du pied, et prit les rames. La barque était chargée, la Seine lourde.

« Vous allez vous fatiguer, mon brave...
— Pas peur, monsieur Lorie. »

Et le petit homme souquait ferme, riant, grimaçant au soleil, renversant sa tête crépue jusque sur les genoux de sa femme, et, par une singulière manœuvre, tirant vers le milieu du fleuve où le courant semblait bien plus rude.

« Petit-Port est donc de l'autre côté, Romain?
— Faites excuse, monsieur Lorie... Mais c'est rapport à la Chaîne... »

On ne comprit ce qu'il voulait dire qu'en le voyant lâcher ses rames tout à coup, et du bout de sa gaffe accrocher le dernier bateau d'un long train de remorque qui passait tous les matins à cette heure-là. Navigation délicieuse, sans fatigue ni secousse. Le battement de la machine et le grincement de la chaîne de touage dévidée sur le pont du remorqueur ne s'entendaient que de très loin, dans un bruit monotone et berceur elargi jusqu'aux deux rives avec les écumes du sillage. Sous le ciel clair, égayé par cette jeunesse du jour et de l'année, la campagne déserte, les maisons blanches espacées de verdure naissante, de lilas bleuissants, se déroulaient des deux côtés dans un bon vent de vitesse.

« Comme on est bien ! » disait Fanny, son bras sous celui d'Eline ; et cette petite voix d'enfant exprimait le sentiment de tous. Ils étaient bien. Pour la première fois depuis leur malheur, la jeune fille retrouvait des couleurs de santé, son frais sourire de fleur entr'ouverte, au contact de la nature qui berce et console. Mme Ebsen, comme tous les gens qui ont longtemps vécu, beaucoup peiné, jouissait tranquillement d'un jour de trêve. Lorie regardait les blonds cheveux follets voltigeant aux tempes, au front, au cou d'Eline, se figurant que c'était un peu son cœur à lui que le bras de son enfant rapprochait du cœur de la jeune fille. Mais le plus heureux était encore Romain assis à l'avant près de sa femme et lui parlant tout bas avec un regard finaud qu'il coulait de temps en temps vers l'arrière.

« Voilà Petit-Port !... fit-il au bout d'un moment, en montrant un village aux uniformes toits rouges disséminés sur les pentes un peu rases, jardins de maraîchers, carrés de fleurs ou de légumes, qui bordent, au-dessus d'Ablon, la rive gauche de la Seine... Dans un quart d'heure, nous serons à l'écluse... »

Sur la berge, un domaine d'allure ancienne et seigneuriale étalait en longueur ses toits à

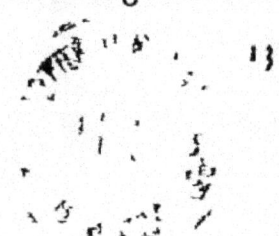

balustres, ses rangées de persiennes grises, ses charmilles touffues et taillées, avec une demi-lune gazonnée, entourée de bornes reliées de chaînes, en face de la porte d'entrée. Au dela, un parc immense grimpait la côte, une houle de grands arbres d'essences diverses que tranchait au milieu un vieil escalier de pierre, disjoint et piqué d'herbages, à la double rampe se recourbant en arc. Et comme les verdures étaient encore grêles, on apercevait aussi tout en haut la maçonnerie blanche, la croix de pierre lourde et neuve d'un grand tombeau de famille ou d'une chapelle.

« Le château des Autheman..., » repondit Romain aux regards qui l'interrogeaient.

— Mais alors, c'est Port-Sauveur?... fit Eline vivement.

— Tout juste, mamzelle... C'est comme ça qu'ils appellent le château dans le pays... Une drôle de boîte, allez... et leur village donc! Je crois qu'il faudrait chercher loin en Seine-et-Oise et même par toute la France pour trouver un endroit pareil. »

Un malaise inexplicable envahit tout à coup la jeune fille, ternit pour elle le beau soleil printanier et la pure atmosphère aux senteurs de violettes; c'était le souvenir de sa visite à la rue Pavée, les reproches de Mme Autheman sur la mort impénitente de grand'mère. Elle ne pouvait détacher ses yeux de ces rangées de persiennes closes, de ce parc profond et mysterieux que dominait la croix, funèbrement. Quel hasard l'amenait là? Était-ce bien un hasard, ou peut-être une volonté plus haute, un avertissement de Dieu?

Mais déjà le coude du terrain, un bouquet d'arbres, la marche du bateau ramassant tout le domaine sur la côte, lui ôtaient son caractère fatal d'apparition; et maintenant l'on apercevait l'écluse coupant le fleuve d'une écume d'argent et d'un grondement sourd, plus fort à mesure que l'on approchait des vannes du barrage, de la petite jetée blanche du bief qui ouvrait sa porte lentement aux appels de la remorque. Romain montra à Sylvanire une petite maison sur le chemin de halage, un dé à jouer, dont les portes et fenêtres figuraient assez bien les points noirs.

« Chez nous!... » fit-il tout bas, le regard humide, en détachant sa barque du train et l'amenant à quai. Maurice, fort occupé sur la jetée avec le garçon d'écluse, les vit de loin; il accourut en poussant des cris de Caraïbe, agitant en l'air sa casquette dont l'eau et le soleil avaient dédoré les galons, lui-même hâlé, bronzé, le nez rougi et grossi, un vrai marinier, disait Romain, et joliment dégourdi sur la manœuvre.

« Hein, Maurice?... le Borda! » cria le père tout rayonnant, sans voir la figure terrifiée que rendait au pauvre enfant ce brusque rappel à sa vocation. Heureusement, on arrivait à la maison d'écluse, un rez-de-chaussée élevé de quelques marches à cause des grandes crues, cerné d'un potager aux verts sillons bien en ordre. A l'intérieur, une grande pièce avec deux petits lits de fer pour l'éclusier et son garçon ; dans un coin, le cadran en bois, aiguille, manipulateur, tout l'appareil télégraphique qui relie entre elles les écluses de la Seine. A côté, la cuisine, reluisante d'ustensiles qui n'avaient jamais servi.

« Vous comprenez, disait Romain, tant que je suis garçon..., » et il raconta qu'il mangeait à l'*Affameur*, chez Damour, un cabaret de marine à deux pas, renommé pour sa soupe aux légumes et ses tanches à la casserole. C'est là qu'il avait commandé le déjeuner. Il ouvrit encore, en face de la cuisine, une grande pièce noire aux volets clos où il introduisit son monde avec fierté et mystère ; et le jour entrant à flots par la fenêtre ouverte, ce furent des exclamations devant le beau lit en acajou, le petit tapis à roses criardes, la commode surmontée d'une glace qui reflétait un assortiment de bibelots gagnés à la foire, et le papier jaune à fleurs, piqué d'images de magasins. Une surprise, cette chambre ! La chambre de Sylvanire, achetée entièrement des économies de l'éclusier, et sans rien dire à sa femme. Il lui en gardait l'étrenne pour quand... pour quand...

« C'est bon, » fit Sylvanire, qui craignait qu'il en dît trop ; et elle l'entraîna, laissant ces dames rajuster devant la glace neuve leurs chapeaux que le vent de la Seine avait un peu fourragés. Restée seule avec Eline et sa mère, la petite Fanny leur dit d'un ton mystérieux :

« Je sais bien, moi, pourquoi Romain est si content... C'est qu'ils vont bientôt se mettre ensemble... dès que nous aurons une autre maman.

Eline tressaillit :

« Une autre maman !... qui donc t'a parlé de cela ?

— Sylvanire, ce matin, en m'habillant... Mais chut !... c'est un grand secret. »

Elle courut rejoindre son frère qui l'appelait.

Les deux femmes se regardèrent.

« Cachottier..., » dit Mme Ebsen en souriant. Eline s'indignait : « Quelle folie !... se marier, à son âge... » Et sa main tremblait, tout émue, en rajustant la longue épingle de jais dans ses cheveux.

« Mais, Linette, M. Lorie n'est pas vieux... A peine quarante ans... Il ne les paraît même pas... Et si bien, si distingué. »

Quarante ans. Eline l'aurait cru plus âgé. C'était sans doute son air sérieux, ses façons solennelles qui le vieillissaient à ses yeux. Aussi l'annonce imprévue de ce mariage ne la troublait-elle que sur un point, son affection extrême pour la petite Fanny qu'elle s'était habituée à traiter comme son enfant, et que bien sûr cette femme allait lui reprendre. Mais quelle femme? Lorie n'en avait jamais parlé. Il ne sortait pas, ne voyait personne.

« Il faut le faire causer, dit la mère... Nous avons toute la journée pour ça. »

Quand elles vinrent les rejoindre sur la petite jetée, Romain expliquait à M. Lorie le système de l'écluse, les vannes levées ou baissées à l'aide d'un levier, les crampons de fer dans la pierre, par lesquels il descendait, vêtu d'un scaphandre, réparer sous l'eau les portes du bief. Fameuse invention, cré cochon, que ces écluses! Autrefois, pendant trois mois d'été, les pauvres mariniers chômaient; et dans la langue de la rivière, ce temps perdu où les femmes et les enfants pleuraient la faim, où les hommes se soûlaient, l'estomac vide, au cabaret, s'appelait l'*Affameur;* d'où le nom de l'auberge voisine. A présent l'eau marchait toute l'année et le travail avec...

Lorie suivait la démonstration, de l'air entendu et grave d'un sous-préfet inspectant des travaux d'arrondissement. Eline n'écoutait pas, songeant à cette enfant venue juste à point dans sa vie pour en combler le vide et suffire à cet instinct de maternité qui commençait à s'agiter en elle. Pour Fanny, elle avait tout d'une mère, la patience infatigable, l'inquiétude, les soins coquets, ne s'occupant pas seulement des études, mais de la coupe des petites robes, de la nuance du chapeau et du ruban noué dans les cheveux. Cela la regardait seule, Sylvanire ayant abdiqué devant son bon goût et sa grâce. Et maintenant...

La Chaîne siffla. Les mariniers, leur repas fini, regagnaient le bord; et bientôt le remorqueur, sa cheminée blanche et noire, haletante, floconnante, ses flancs rougis au minium touchant presque de leur bordage les deux berges du bief, défila lentement, suivi de son train de bateaux. Les vantaux de l'écluse se refermèrent, refoulant l'énorme masse d'eau; et le grincement de la Chaîne s'éloigna avec la remorque qui ondulait, diminuée, amincie jusqu'au dernier bachot, comme la queue d'un cerf-volant. Avant de quitter la jetée, l'éclusier présenta Baraquin, celui qu'il appelait son garçon, un nom un peu jeunet pour la face tannée, crevassée, les rides malicieuses de ce vieux marinier de Seine-et-Oise, tordu par les rhumatismes et marchant de biais à la façon d'un crabe. Le vieux grogna quelques mots de bienvenue qui semblaient sortir d'un cuveau de vendange; on ne l'écouta pas longtemps.

Romain, lui, et c'était là le trait décisif de cette figure d'ancien matelot, ne buvait jamais une goutte de vin ni d'eau-de-vie. Jeune homme, il avait été pourtant, comme il disait, non sans orgueil, « le plus grand soûlaud de la flotte » ; mais ayant cogné le capitaine d'armes, un jour de ribotte, et risqué le conseil de guerre avec tout ce qui s'ensuit, il fit le serment de ne plus boire et se tint parole malgré les plaisanteries de son escouade, les paris, les tentations. A présent, rien que la vue d'un verre de vin lui retournait l'estomac ; en revanche, il avait pris le goût des douceurs, des cafés au lait, bavaroises, sirops d'orgeat. Et ce n'était vraiment pas de chance pour lui d'être tombé sur un compagnon toujours dans les vignes.

« Mais qu'est-ce que vous voulez ?... disait l'eclusier tout en guidant ses convives vers le déjeuner... C'est pas sa faute à ce pauvre vieux... C'est celle du château... Depuis qu'ils l'ont *adjuré*, il a toujours plus d'argent qu'il ne lui en faut.

— *Adjuré*?... Comment ça ?

— Ben oui... Chaque fois qu'il va au temple et qu'il communie, la dame de Petit-Port lui donne quarante francs et une redingote... C'est ça qui le perd, ce garçon. »

L'auberge de l'*Affameur*, un peu au-dessus de l'ecluse, se voit de loin, perchée sur sa terrasse qu'ornent à chaque coin des tonnelles en treillage et tout un étalage de jeux en plein vent, tir aux macarons, jeux d'anneaux, de tonneau, le portique vert d'une balançoire où pendent le trapèze et la corde à nœuds. Accueillis en entrant par la bonne odeur du pot-au-feu qu'on mettait tous les jours pour la Chaîne, les invités trouvèrent l'hôtesse, Mme Damour, en train d'installer leur couvert dans une petite salle réservée, aux murs crépis, très propres. L'hôtesse, fort nette aussi, avec une figure sérieuse, presque dure, ne se déridait que pour Romain, « son pensionnaire chéri. »

Et tout bas, pendant qu'elle allait et venait, l'éclusier racontait que personne n'était plus gai dans les temps que ces Damour; mais ils avaient perdu une fille, une grande belle demoiselle de l'âge de mamzelle Eline. De chagrin, l'homme s'était mis à boire tant et tant qu'il finissait à Vaucluse chez les fous; et la femme, restée seule, n'avait plus le cœur à rire, cré cochon !

« De quoi donc est-elle morte, cette pauvre petite ! demanda Mme Ebsen qui couvait de l'œil en tremblant les dix-neuf ans fleuris et veloutés de son Eline.

— Paraîtrait, fit Romain encore plus mystérieux, paraîtrait que c'est la dame de Petit-Port qui lui a donné des mauvaises boissons... » Et sur un geste indigné de la jeune fille : « Écoutez donc !... Je dis ce que dit la mère... Ce qu'il y a de sûr, c'est que l'enfant est morte au château et que, dans le pays, on en cause encore, quoiqu'il y ait des années de ça... »

L'hôtesse apportait dans une casserole toute dorée au feu une tanche superbe, pêchée par Romain dans la réserve réglementaire à deux cents mètres en amont et en aval de son écluse ; et le fumet de ce plat campagnard, les explications de l'éclusier, l'appétit gagné par la course sur l'eau, firent diversion à cette sinistre légende locale, vite évaporée d'ailleurs au vent frais qui venait de la Seine et la rebroussait toute, devant la terrasse, en mille petites écailles d'argent, dont le mouvement et la clarté moiraient de reflets dansants les verres, les carafes, la nappe jaune et rude. Un petit vin de Bourgogne, ce vin que les mariniers donnent en payement dans les auberges riveraines, achevait d'égayer la fête allumée déjà par les rires des enfants et la joie folle de Romain attablé sur le rebord de la croisée, à côté de Sylvanire.

Qu'il était heureux, le brave petit éclusier, de ce déjeuner en compagnie de sa femme, le premier peut-être depuis deux ans, depuis leur mariage ; un vrai retour de noces. Mais cela ne l'empêchait pas de surveiller la bombance, d'aller de la cuisine à la table où ses invités ne devaient manquer de rien ; et même, le « pensionnaire chéri » voulut faire de ses mains le café à l'algérienne comme l'aimait son ancien maître, tout le marc au fond de la tasse. Il posait triomphalement le plateau sur une table longue servant de dressoir, quand cette table résonna tout à coup sous le linge qui la recouvrait.

« Tiens!... un piano. »

C'était un vieux clavecin acheté à la vente d'un de ces anciens châteaux, comme il en reste encore sur cette côte de la Seine. Après avoir mené des gavottes et des menuets à paniers, le clavecin démodé servait à amuser les Parisiens du dimanche dans une salle de guinguette, épuisant ses derniers sons pour « l'amant d'Amanda » ou « la Fille de l'emballeur. » Mais sous les doigts délicats d'Eline, il retrouva un moment son charme grêle, sa voix mélancolique et courte, bien en rapport avec le jaune ivoire des touches.

Quand la jeune fille, qui n'avait plus joué depuis son deuil, commença la ritournelle du vieil air national : *Danemarck, avec tes champs et tes prairies splendides...* on eût dit que grand'mère elle-même, de son souffle chevrotant et cassé, évoquait sur l'horizon en face les verts pâturages, les blés mouvants, la nature large et lumineuse.

Puis Eline joua du Mozart, de ces vifs ramages d'oiseaux enfermés dans un clavier étroit, auxquels répondaient de la rive les bergeronnettes, les fauvettes sautillant dans les roseaux. La sonate finie, elle en prenait une autre, une autre encore, s'abandonnait au charme du vieil instrument, lorsqu'en se retournant, elle s'aperçut qu'elle était seule avec Lorie. Romain et Sylvanire étaient descendus sur la berge pour amuser les petits, M⁽ᵐᵉ⁾ Ebsen pour y pleurer plus librement.

Lui, restait là, continuant à l'écouter, remué jusqu'au fond du cœur, et beaucoup plus qu'il ne convenait à quelqu'un de l'administration. Elle était si jolie, animée par la musique, les yeux brillants, les doigts finement déliés et papillonnant sur les touches. Il aurait voulu retenir cette minute délicieuse, demeurer ainsi toujours à la regarder... Soudain un cri d'enfant, un cri de terreur éperdu, brisa le calme ambiant, la sonore atmosphère de l'eau...

« C'est Fanny... » dit Eline s'élançant toute pâle à la croisée. Mais on riait maintenant, on riait à grands éclats. Et Lorie, en se penchant, découvrit la cause de tout cet émoi, Romain revêtu de son scaphandre et s'apprêtant à descendre sous l'écluse.

« Que j'ai eu peur !... »

Eline, à qui les couleurs revenaient dans les battements de sa respiration un moment interrompue, s'appuya au petit balcon, la main au-dessus des yeux, rougissante et nimbée de lumière.

« Que vous êtes bonne pour cette enfant!...
murmura Lorie.

— C'est vrai, je l'aime comme si elle était
à moi... Et l'idée qu'il va falloir la quitter me
cause beaucoup de chagrin. »

Il s'effrayait, pensant à ces projets de mariage, dont Mme Ebsen avait déjà parlé, et
timide, craignant d'apprendre :

« La quitter?... et pourquoi?... »

Elle hésita un peu, regardant toujours au loin :

« Puisque vous allez lui donner une autre
mère...

— Qui a dit cela?... Je n'ai jamais songé... »

Mais le moyen de résister à ce regard clair,
croisant le sien? Oui, sans doute, il lui arrivait quelquefois... C'est si triste de vivre seul,
de n'avoir personne à qui dire sa joie ou son
chagrin de la journée... Si triste, un intérieur
sans femme... Sylvanire s'en irait un jour ou
l'autre ; et puis elle ne remplaçait pas une
mère aux enfants. Lui-même, il fallait bien
l'avouer, malgré ses facultés d'organisateur, ne
s'entendait guère à conduire une maison, tandis qu'il était homme à mener la province
d'Alger tout entière.

Il disait cela simplement, un peu confus,
avec un bon et naïf sourire ; et certes Eline
l'aimait mieux ainsi, dérouté et désarmé devant
la vie, qu'avec sa solennité des grands jours.

« ... Voilà pourquoi j'avais pensé à me remarier; mais tout au fond de moi, sans jamais en parler à personne... Et je me demande qui a pu vous dire... »

Eline l'interrompit :

« Est-elle bonne, au moins, celle à qui vous avez songé?... »

Et Lorie, tout tremblant :

« Bonne, jolie... la perfection...

— Aimera-t-elle vos enfants?

— Elle les aime déjà... »

Elle avait compris, et resta tout interdite. Il lui prit la main, et se mit à parler, très bas, sans savoir bien ce qu'il disait; mais elle distinguait dans son trouble les tremblements et la musique de l'amour. Et pendant que les tendres protestations, les promesses d'avenir se pressaient sur les lèvres de son ami, toujours rêveuse et le regard au loin, Eline croyait voir sa vie à elle se dérouler, unie et tranquille comme ce paysage de Seine, aux sillons tout tracés, rayés et droits, où le blé pointait à peine, traversés de soleil et d'ombre selon les caprices du ciel. Peut-être avait-elle rêvé autre chose, des espaces plus larges, plus mouvementés. Dans la jeunesse, on aime les obstacles à franchir, les dangereuses forêts du Chaperon-Rouge, la tour branlante où monte l'oiseau bleu. Mais ce mariage qu'on lui offrait ne dérangeait rien à ses affections. Elle garderait Fanny, elle ne quitterait pas Mme Ebsen.

— « Oh ! ça, jamais... Je vous le jure, Eline.
— Alors, voilà qui est dit... Je serai la mère de vos enfants. »

Sans trop savoir comment cela s'était fait, ils se trouvèrent accordés, unis en une minute pour l'existence entière ; et Mme Ebsen, apparue sur la terrasse, devina tout, en les voyant la main dans la main, penchés à la fenêtre et surveillant ensemble leurs petits.

VII

PORT-SAUVEUR

De tous les villages dispersés entre Paris et Corbeil sur la rive gauche de la Seine, de ces jolies villégiatures à noms de soleil, Orangis, Ris, Athis-mons, — Petit Port, malgré sa dénomination plus bourgeoise, est le seul qui ait un passé, une histoire. Comme Ablon, comme Charenton, il fut, à la fin du seizième siècle, un centre calviniste important, un des lieux de réunion accordés aux protestants de Paris par l'Édit de Nantes. Le temple de Petit-Port voyait chaque dimanche les plus grands seigneurs de la Religion assemblés autour de sa chaire, Sully, les Rohan, la princesse d'Orange, dont les grands carrosses chamarrés d'or défilaient entre les ormes du pavé du roi. Des théologiens fameux y prêchèrent. Il compta quelques beaux baptêmes et mariages, des abjurations retentissantes; mais cette gloire ne dura pas.

A la Révocation, la population calviniste fut dispersée, le temple rasé; et lorsqu'en 1832, Samuel Autheman vint établir là ses affineries, il trouva un petit village maraîcher, obscur, sans autre mémoire de son histoire enfouie dans la poussière des archives, que le nom donné à un terrain vague, une carrière abandonnée qu'on appelait « Le Prêche. » C'est sur Le Prêche, à la place même de l'ancien temple, que les ateliers furent construits, tout en haut de la propriété grandiose achetée du même coup par le marchand d'or déjà fort riche à cette époque. Le domaine était historique comme le village, ayant appartenu à Gabrielle d'Estrées; mais, là non plus, il ne restait rien d'autrefois qu'un vieil escalier de pierre, rouillé de soleil et de pluie, arrondissant sa double rampe de chaque côté de l'entablement tout noir de vigne vierge et de lierre, « l'escalier de Gabrielle » dont le nom évoquait sur sa descente courbe des groupes de seigneurs et de dames aux satins éclatants dans la verdure.

Sans doute bien des arbres du parc étaient

contemporains de la favorite; mais les arbres ne parlent pas comme la pierre, ils ne racontent rien, et perdent la memoire avec leurs feuilles à chaque mouvement de saison. Tout ce qu'on sait de l'ancien château, c'est qu'il devait dominer la proprieté et que les communs occupaient au bord de l'eau la place où s'élève aujourd'hui la maison moderne, restaurée et agrandie par les Autheman.

Malheureusement, quelques années après leur installation, ils eurent à subir, comme tous les riverains entre Paris et Corbeil, le passage du chemin de fer qui a tranché tout le long de la Seine tant de riches domaines d'autrefois. La voie d'Orléans passa juste devant le perron intérieur, le séparant des corbeilles fleuries, abattant deux sur quatre des magnifiques pawlonias qui ombrageaient le parterre. Et à toute heure du jour, dans la splendide propriété ouverte aux deux bouts, reliant par de légers ponts de fer ses tronçons coupés, les trains jetaient leur vacarme de ferraille et leur fumée longue, encadrant à leurs petites fenêtres la vision d'une terrasse bordée d'orangers en boule, où la famille Autheman prenait le frais sur des fauteuils américains; et plus loin, des écuries de briques rouges, des serres vitrées, le potager divisé en deux par la voie ferrée, tout en longueur comme un jardin de chef de gare.

Lorsqu'à la mort de sa belle-mère, Jeanne Autheman se trouva maîtresse de la fortune et de la volonté de son mari, elle fut retenue à Petit-Port par les souvenirs calvinistes, une prédestination pour son œuvre. Elle transforma la maison de campagne comme celle de Paris, rétablit l'ancien temple, construisit des écoles pour filles et garçons, et, les ouvriers affineurs s'en allant avec l'oncle Becker à l'usine de Romainville, il ne resta à Petit-Port que des paysans, maraîchers, vignerons, et les quelques fournisseurs d'un petit pays. C'est parmi ces derniers que Jeanne, secondée par Anne de Beuil, exerça son prosélytisme. La vieille fille allait de porte en porte, promettant la clientèle ou la protection du château à tous ceux qui viendraient au temple, enverraient leurs enfants aux écoles évangéliques, écoles gratuites, annexées d'ouvroirs, à la sortie desquelles les élèves trouvaient une position conforme à leurs aptitudes.

Il eût fallu des convictions religieuses bien arrêtées, et comme il ne s'en trouve guère parmi nos paysans, pour résister à tant d'avantages. Quelques enfants vinrent d'abord, les parents prirent l'habitude de les accompagner le dimanche aux Assemblées; et Mme Autheman, après avoir suffi toute seule à un « culte de famille, » s'adjoignit un pasteur de Corbeil, âgé et timide, qui faisait les communions, les mariages, les enterrements, mais ne fut jamais qu'un sous-ordre, Jeanne, très autoritaire, gardant la suprême direction de son église et de ses écoles. Quand ce vieillard mourut, au bout de quelques années, elle eut beaucoup de peine à le remplacer malgré sa grande fortune et son crédit auprès du consistoire parisien. Les pasteurs se succédaient à Petit-Port, vite lassés du rôle de « lecteur » ou de sacristain auquel on les réduisait, jusqu'au jour où elle rencontra M. Birk, de l'eglise Scandinave, vrai mercenaire, prêt à tout, sachant juste assez de français pour lire la bible et faire les cérémonies.

Jeanne se réserva le prêche, l'interprétation des versets; et l'on s'imagine la stupeur des paysans en voyant la jolie dame du château monter en chaire. C'est qu'elle parlait bien, dame! et aussi longtemps que le curé le plus malin. Puis, ce beau temple tout neuf, bien plus grand que leur église, la sévérité des hautes murailles nues, l'autorité du nom et de la fortune du banquier... ils sortaient étonnés, impressionnés, racontaient ce qu'ils avaient vu et la façon dont Mme Autheman la jeune « disait sa messe. » Après l'office, la châtelaine se tenait dans la sacristie, recevant ceux qui voulaient lui parler, se faisant conter leurs affaires, les conseillant, et non plus dans la langue mystique de la chaire, mais familièrement, au sens le plus pratique.

C'est ainsi qu'elle instituait une prime d'argent et de vêtements, payable le jour de la communion, à tous ceux qui accepteraient la religion réformée. Le facteur commença, puis le cantonnier et sa femme. Leur « réception » se fit en grande pompe; et quand on les vit vêtus de drap neuf, de bonne laine chaude, avec l'argent clair qui tintait dans leurs poches et la protection du château désormais assurée, cela en entraîna beaucoup d'autres.

Pour résister à cette propagande effrénée, il n'y avait à Petit-Port que le curé et la sœur. Le curé, pauvre saint homme, vivait péniblement de cette cure sans casuel, et aussi, disait-on, du produit de sa pêche que sa servante vendait en sous-main aux cabarets d'Ablon. Habitué d'ailleurs à respecter au village le propriétaire riche, l'influence prépondérante, ce n'est pas lui qui eût osé faire tête aux Autheman. Il se permettait quelques allusions voilées, le dimanche, en chaire, adressait rapport sur rapport à l'évêché de Versailles, mais cela n'empêchait pas son église de se vider comme un vase fêlé d'où l'eau s'échappe, et les rangs du catéchisme de s'éclaircir d'année en année, laissant la place de délicieuses parties de cache-cache entre les bancs aux rares gamins qui venaient encore.

Plus ardente, comme sont les femmes quand la passion les tient, sœur Octavie, la directrice de l'école des filles, lui faisait honte de sa faiblesse et se posait très carrément en antagoniste du château. Elle s'agitait, car elle aussi avait des loisirs, courait le village, la coiffe battante, avec le bruit querelleur de son grand chapelet, et tâchait à la sortie des classes évangéliques de reprendre ses élèves : « Tu n'as pas honte, petite effrontée. »

Elle relançait les mères au lavoir, les pères en plein champ, invoquait Dieu, la vierge, les saints, montrait le ciel mystique où le paysan, lui, ne voit que de l'eau ou du soleil pour ses récoltes, se heurtait à des clignements d'yeux, de gros soupirs hypocrites : « Ben oui, ma sœur, sûrement... ça serait ben mieux comme vous dites. » Le terrible, c'est quand elle se rencontrait sur le même terrain avec Anne de Beuil : les deux femmes en présence, prototypes des deux religions, l'une maigre, serrée et jaune, sentant — malgré les années écoulées — la révolte et les persécutions; l'autre grasse, l'air aimable, les joues débordant la mentonnière, les mains potelées, l'assurance carrée de sa guimpe protégée ordinaire de la richesse. Seulement, ici, le château faisait la guerre à la sœur; et la partie était inegale.

Dans son ardeur, sœur Octavie ne ménageait pas ses paroles, ne se contentait pas de ridiculiser Mme Autheman et son prêche, mais portait encore contre elle les accusations les plus graves, comme de séquestrer les enfants, d'user de toute sorte de violences, drogues et maléfices, pour les forcer à abjurer leur religion. La mort inexplicable et subite d'une jeune fille, Felicie Damour, employée au château, donna du crédit à ces fables. Il y eut même un commencement d'enquête, qui aboutit au renvoi de la sœur Octavie dans une autre résidence. Elle ne fut pas remplacée.

Le curé, lui, garda son poste, vécut dans son coin, prêchant devant une église vide, restant quand même en rapports de politesse avec les Autheman qui lui envoyaient du gibier au temps des chasses. « Ces gens sont trop forts... Il faut manœuvrer... » avait dit l'évêque ; et, dégagé par son supérieur de toute responsabilité, le bon curé pêchait ses chevennes et laissait couler l'eau.

Singulière physionomie que celle du village, dès cette époque. Entre les maisons uniformes à toit rouge construites jadis par le vieil Autheman pour ses ouvriers, entre les allées droites de petits ormes plantés par sa bru, circulait un peuple d'enfants vêtus de la même blouse de lustrine noire, conduits par un instituteur à longue redingote ou par des jeunes filles avec la robe à pèlerine d'Anne de Beuil. Tous les gens du château portaient le noir aussi, relevé d'un P. S. en métal sur le collet d'habit. On eût dit un de ces villages des frères moraves,

Herrnhout ou Nieski, sortes de communautés libres, d'une organisation si curieuse ; mais la dévotion de ces demi-religieux est sincère, tandis que les paysans de Petit-Port sont d'abominables hypocrites. Ils savent trop qu'on tient compte de leurs grimaces, et de leur allure contrite, ployée sous le péché originel, et des centons bibliques qu'ils mêlent à leur jargon campagnard.

Oh ! cette bible... L'air de tout le pays en est imprégné. Les murs suintent des versets, au fronton du temple, et des écoles, chez tous les fournisseurs du château. La boucherie porte en grandes lettres noires au-dessus de l'étal : MEURS ICI POUR VIVRE LA ; et l'épicier a écrit dans sa boutique : AFFECTIONNEZ-VOUS AUX CHOSES QUI SONT EN HAUT. Justement ce qu'il y a en haut, ce sont des flacons de prunes et de cerises à l'eau-de-vie. Mais les paysans n'en consomment guère, de peur d'Anne de Beuil et de sa police ; et lorsqu'ils veulent s'offrir quelque ribotte, ils vont à Athis, ou chez Damour, à l'*Affameur*. Du reste, voleurs, menteurs, paillards et lâches, de vrais paysans de Seine-et-Oise, se contentent de cacher leurs vices et les gardant très précieusement.

Ce qui distingue Petit-Port, ce village de la Réforme si curieusement surgi de ses cendres après trois cents ans, des autres fondations protestantes dans le rayon de Paris, des écoles de Versailles, de Jouy-en-Josas, des colonies agricoles d'Essonne, du Plessy-Mornay, c'est qu'au lieu d'être soutenu par des collectes de tous les Réformés de France, d'Angleterre, d'Amérique, il ne relève que de la caisse des Autheman dont il est la chose, la propriété, et peut se soustraire à tout autre contrôle.

Jeanne Autheman reste le pontife en chef, l'influence occulte au-dessus de l'activité d'Anne de Beuil. Pendant ses huit mois de séjour, on ne la voit guère dans le pays. Le matin, elle entretient la volumineuse correspondance que nécessite l'œuvre des dames Évangélistes, l'Œuvre, comme elle et les siens l'appellent, reçoit les catéchumènes, puis s'enferme l'après-midi à « la retraite, » ce pavillon isolé au milieu du parc, qui donne lieu à tant de mystérieux commentaires. Le dimanche, elle est toute aux écoles et au temple, le temple lugubre et blanc, dont la lourde croix de tombe domine la propriété et l'oppresse, lui donne sa physionomie conventuelle, complétée par la belle et sévère ordonnance des choses, la netteté des avenues désertes, le recueillement religieux de la maison, toute sa longue façade close, avec l'ombre d'une pèlerine noire découpée sur le sable d'une allée ou sur la dalle du perron, et des bouffées lointaines de cantiques et d'orgue traversant la torpeur silencieuse des longues après-midi d'été.

Vers le soir, la maison s'anime un peu. La grille s'ouvre grande, des roues grincent sur le gravier, un grand chien d'Écosse déjà vieux se traîne et aboie autour d'une voiture. C'est Autheman qui revient de Paris dans son coupé, préférant faire une heure de route que d'exposer sa triste figure à la curiosité d'une gare de banlieue toujours grouillante de monde vers cinq heures. Il y a un moment d'agitation, des portes qui battent, des paroles brèves échangées à mi-voix, un seau remué du côté des écuries, le sifflet d'un palefrenier faisant boire ses bêtes; puis la communauté retombe dans son morne silence que troublent par intervalles la fumée et le vacarme d'un train à toute vitesse.

Ce matin-là, un matin de mai frais et splendide, le château présentait une animation extraordinaire. De la grêle était tombée dans la nuit au milieu d'un orage épouvantable, hachant les branches, dépouillant les arbres dont les verts débris pleins de sève, les feuilles et les fleurs trouées, déchiquetées, jonchaient le perron, mêlées aux éclats de vitre de la serre. Les jardiniers activaient leurs râteaux, leurs brouettes, dans un bruit de branchages traînants, de sable, de verre brisé.

Ganté, le chapeau sur la tête, Autheman, toujours un des premiers levés au château

comme il était un des premiers arrivés à sa
banque, arpentait la terrasse à pas fiévreux,
absorbé, avec une agitation que l'on pouvait
attribuer au saccage des belles charmilles et
des magnifiques plants en caisses. A chaque
tour de perron, arrêté par les marches, il revenait automatiquement, jetant parfois un regard
vers les persiennes fermées de la chambre de
sa femme, s'informant à quelque servante si
madame n'était pas encore levée, et repartait,
tourmentant et grattant de sa main gantée,
d'un geste nerveux qui lui était habituel aux
heures préoccupées, l'affreux mal sous son
bandeau noir. Dans ce lever limpide et rose,
il faisait l'effet d'un fantôme; et voilà bien
comme Eline Ebsen l'avait vu pour la première
fois derrière son grillage, avec ce même regard,
aigu, dévoré, l'amertume de ce sourire de travers relevant la lèvre sur une interrogation
muette et douloureuse, toujours la même :
« Hideux, n'est-ce pas? »

Hideux. C'était le désespoir de cette existence de riche, l'idée fixe qui le torturait depuis l'enfance. Le mariage, la possession de la
femme aimée, l'en avaient guéri pour quelque
temps. Comme rassuré par ce joli bras sur le
sien, il se montrait partout. On le voyait au
temple, à la Bourse, aux séances du consistoire
dont il devenait un des membres les plus actifs.
Il s'était même laissé nommer à la mairie de

Petit-Port. Puis subitement l'ancienne hypocondrie revenue, plus forte et craintive, le retirait de tout, l'enfermait dans son château, dans la grille à rideaux bleus du bureau, sans qu'en apparence rien fût changé à la prospérité, à l'accord édifiant du ménage. Lui, toujours épris de sa femme, cédant à tous les caprices coûteux de l'Œuvre; elle, douce, affectueuse, exacte — quand il partait ou revenait — à tendre aux caresses son front uni et blanc, à s'informer des opérations, du mouvement des affaires, car elle était vraiment Lyonnaise, à la fois industrielle et mystique.

Elle lui racontait tout, le sujet de son sermon prochain, le nombre d'âmes arrachées au péché pendant la semaine et dont elle tenait un grand-livre par Doit et Avoir. Mais un mystère restait entre eux, comme une rupture secrète, parfois visible aux réponses absentes du pauvre disgracié, au regard fixe, suppliant, avec lequel il cherchait au fond de l'indifférence souriante de Jeanne un point sensible à toucher. Chose bien étonnante chez une personne aussi exaltée, elle ne lui demandait jamais pourquoi il s'était retiré des saintes Assemblées et de toute pratique, délaissant le banc des Anciens, même aux trois grands jours de communion de l'année. Elle semblait fuir une explication, se dérober adroitement avec son double instinct de femme et de prêtre, tandis que lui se taisait par fierté, par la crainte aussi d'assombrir ce beau visage, seule lumière de sa vie.

Mais, cette fois, Autheman avait pris la résolution d'en finir, de dire ce qui l'étouffait depuis trois ans ; et il attendait, allant et venant sur les dalles, ou s'accoudant à la balustrade, pour regarder les trains qui passaient...

L'express du matin !...

Celui-là s'annonçait par le tremblement lointain du sol, une aspiration qui faisait le vide sur la voie déserte et droite, toute jonchée des bouquets fleuris, des branches vertes coupées par l'orage. Devant les pawlonias, c'était une vraie litière de printemps où il aurait fait bon s'étendre... Oh ! le rêve de sa jeunesse, dormir là, sa joue sur le rail, l'horrible joue que rien ne pouvait guérir... Et maintenant encore, tout son grand corps se tendait par-dessus la rampe, attiré par un vertige, une tentation suprême. Mais déjà le train avait disparu dans un ouragan, hurlant, sifflant, avec l'éclair doré de sa machine en cuivre, toutes ses petites fenêtres qui n'en faisaient plus qu'une, et le tourbillon de poussière, d'étincelles et de feuilles folles, emportées au vent de sa course à toute vapeur. Il y eut, après, une stupeur dans l'air, un arrêt de tout, tandis qu'à droite et à gauche, la voie balayée déroulait en les rétrécissant les ferrures luisantes et noires de ses rails...

« Madame attend monsieur au petit salon...

— J'y vais... » répondit Autheman de la voix d'un homme qu'on réveille, encore pâle et tout suant de son cauchemar.

Dans un petit parloir du rez-de-chaussée, dont le meuble en satin vert passé datait du mariage de la vieille mère Autheman, Jeanne conférait avec Anne de Beuil, tout en déjeunant d'un grand bol de lait froid au coin d'un guéridon chargé de papiers et de livres. « Reste... » fit-elle du bout des lèvres à son acolyte qui avait eu le mouvement de s'en aller, à la vue du mari ; et regardant celui-ci bien en face, de ses yeux clairs :

« Bonjour... Quel orage cette nuit!

— Terrible, en effet... J'avais peur pour vous... J'ai voulu aller vous rassurer ; mais la porte de votre chambre était fermée... comme toujours... » ajouta-t-il tristement tout bas.

Elle n'entendit pas et continua la conversation commencée, en trempant des mouillettes dans son lait :

« Es-tu sûre de cela, Anne?

— A moins que Birk n'ait menti... répondit Anne de Beuil de son ton brutal... Seulement le mariage ne se fera que dans trois mois, à cause de leur deuil...

— Trois mois... Oh! alors, nous la sauverons... »

Et se tournant vers Autheman que cette présence d'un tiers agaçait :

« Je vous demande pardon, mon ami... Mais il s'agit d'une cure d'âme... Eline Ebsen, cette enfant dont je vous ai parlé... »

Il s'inquiétait bien d'Eline Ebsen.

« Jeanne !... » fit-il tout bas avec un regard qui suppliait ; mais il vit bien qu'elle ne voulait pas entendre, et brusquement : « Allons, adieu... Je m'en vais... »

D'un geste de sa main fine, elle l'arrêta net, comme au serre-frein :

« Attendez... J'ai une commission à vous donner... Watson est-elle prête ? » demanda-t-elle à Anne de Beuil.

— Elle rechigne encore, mais elle ira. »

Alors elle écrivit sur une feuille de papier à lettres au timbre de l'OEuvre un billet qu'elle relut à haute voix :

« Ma chère enfant, c'est mercredi prochain que mistress Watson fait son témoignage public à l'Évangile. Nous aurons à cette occasion une bonne réunion à la salle B, 59, avenue des Ternes. Je compte bien vous y voir.

« Votre affectionnée en Christ. »

Puis elle signa, remit la lettre à son mari en lui recommandant de la faire porter le matin même, lui donna encore plusieurs commissions, des épreuves pour l'imprimerie, une commande de trois cents bibles et d'autant de « Pain quotidien », l'accordeur à prévenir pour l'harmonium de la salle B... Quoi encore ?... Non, plus rien.

Sur le seuil, il se retourna avec le regret de son entrevue manquée, voulut parler, n'osa pas encore et partit à grands pas furieux en faisant claquer les portes.

« Qu'est-ce qu'il a ? » demanda Anne de Beuil.

Jeanne haussa les épaules : « Toujours la même chose... » Elle ajouta : « Tu diras à Jégu de remettre un verrou à ma chambre... Celui qui y est ne tient plus.

— L'orage de cette nuit, sans doute, dit Anne de Beuil... toute la maison sautait. »

Et elles se regardaient avec leurs faces fermées et froides.

VIII

LE TEMOIGNAGE DE WATSON

Avenue des Ternes, à côté d'une station d'omnibus, Mme Ebsen et sa fille s'engageaient à la nuit dans une cour de cité ouvrière, qu'éclairait vaguement d'un demi-jour rougeâtre de fanal de police un large transparent de verre avec ces mots : *Salle Évangelique*. A l'entrée dans l'entre-deux d'une double porte en toile verte, un homme distribuait des petits livres, des traités, des cantiques, auxquels il joignait le programme de la réunion du soir, déjà commencée lorsqu'elles arrivèrent.

Le local était vaste et haut, un ancien atelier tout récemment transformé en salle de prières, et gardant sous le badigeonnage des murailles, où tombait, de place en place, la lumière crue d'un bec de gaz, la trace noire des cheminées de forge, les trous du ratelier aux outils. Là-dedans, sur une quarantaine de bancs, dont à peine la moitié se trouvait occupée, le public le plus disparate : de vieilles femmes bien mises, quelques étrangères, puis des commis de la maison Autheman, des curieux, des flâneurs du quartier, trouvant plus économique de somnoler au bout d'un banc qu'au café, des blouses ouvrières, des marmottes de balayeuses, le corps de métier où l'on compte à Paris le plus de luthériens, cinq ou six militaires, la tête rase, les oreilles écarlates, enfin les loques, payées à l'heure, de quelques vieux débris de porches d'église, des faces vineuses, terreuses, abruties, et parmi elles une pauvresse au milieu d'un tas de petits dépenaillés, immobiles, mangeant du pain.

Sur l'estrade, où la longue taille d'Anne de Beuil marquait d'un geste en bois noir la mesure d'un cantique, Mme Autheman trônait dans un grand fauteuil, correcte et froide à l'habitude, en avant d'une double rangée de pèlerines évangéliques, de blouses en lustrine des écoles de Port-Sauveur, avec la tache blanche et voltigeante des petits cantiques sur tout ce noir.

Eline, assise au fond, près de sa mère, ouvrit machinalement le programme imprimé avec luxe et portant ceci :

RÉUNION DES DAMES ÉVANGÉLISTES

SALLE B. — *59, Avenue des Ternes.*

1° Cantique IV : Le sang précieux de Jésus
    Me blanchit comme la neige.
2° Conférence : La paresse de l'âme, par Mme J. Autheman.
3° Témoignage du jeune NICOLAS, des écoles de Port-Sauveur.
4° Témoignage de WATSON de Cardiff : *Une nuit dans les larmes.*
5° Cantique XI : Pêcheurs, craignez la folie ;
    Tournez vos pas vers Chanaan.

Elle achevait de déchiffrer ce jargon, quand on vint les prier, elle et sa mère, de passer sur le premier banc, ce qui flatta singulièrement la vanité de Mme Ebsen, toute fière de se trouver parmi les panaches des vieilles dames dont elle avait vu devant la porte les équipages à la file de celui de la présidente et des omnibus de Port-Sauveur. C'était son faible, à cette pauvre femme, les titres, la fortune ; et elle se carrait, s'épanouissait dans son mantelet de soie, jetant des petits sourires à droite et à gauche, de l'air aimable d'une maîtresse de pension à une distribution de prix. Eline s'abritait contre elle, gênée d'être en vue juste sous le regard de la présidente.

La musique venait de finir. Automatiquement, tous les cantiques se fermèrent. Il y eut dans la salle ce piétinement, ces petites toux d'un auditoire qui s'installe pour écouter ; et Mme Autheman s'avança au bord de l'estrade, ses cheveux noirs bien lissés sous un chapeau de la bonne faiseuse, — car saint Paul interdit aux femmes de prier ou prophétiser la tête découverte, — et se mit à parler du marasme de la foi, de la paresse universelle des âmes... Plus de chrétiens parmi l'homme et la femme modernes ! On ne lutte plus, on ne souffre plus, on ne meurt plus pour Christ. On se croit quitte envers lui pour quelques pratiques routinières : prières du bout des dents, faciles sacrifices qui ne gênent en rien l'égoïsme des affections...

Eline reconnaissait au profond de son être cette voix qui l'avait tant remuée, froide pourtant, mais pénétrant en aiguilles de glace. « C'est pour moi qu'elle parle..... » pensait-elle, et elle s'en voulait d'être venue, sachant l'effet dominateur, sur sa nature, de cette autre nature de femme.

..... Non, Jésus ne veut pas de cette dévotion de commande, de ce christianisme officiel. Ce qu'il exige, c'est un renoncement complet aux splendeurs, au bien-être, à toutes les affections du monde.....

Dehors, les voitures roulaient, mêlées aux
coups de timbre des omnibus, aux trompes des
tramways, aux cadences lourdes et criardes
d'une « musette » d'Auvergnats dans la cité.
Mais les rumeurs de Babel et de ses faubourgs
n'arrivaient pas aux oreilles de l'Évangéliste, ne
la troublaient pas plus que les grignotements
de souris des petits pauvres rongeant leur pain
là-bas au fond, et les ronflements nasillards de
quelques âmes indolentes.

Droite et calme, ramenant d'une main sa
pèlerine contre sa taille, de l'autre tenant
entr'ouvert un petit cantique, elle continuait à
prêcher le déliement des affections et des biens
terrestres, et terminait par une citation de
l'Ecriture : « En vérité, je vous le dis, il n'y a
personne qui ait quitté sa maison, son père, sa
mère, sa femme, ses enfants, pour l'amour de
moi et de l'Évangile, qui n'en reçoive cent fois
autant. »

L'orgue et les chants reprirent, rafraîchissants
à entendre dans cette suspension de l'atmosphère où il y avait comme un étirement, une
fatigue de ce long discours désolé. Un des
militaires se leva et sortit. Ça l'ennuyait. Et
puis il faisait chaud sous ce vitrage. « Ils de-
vraient baisser le gaz... » disait tout bas la
grosse Mme Ebsen. Et Lina, croyant lui répondre :
« Si... Si... C'est dans la Bible... » fit-elle vivement, comme irritée.

Tout à coup une voix d'enfant glapit sur l'estrade, avec l'intonation faubourienne à lèvres tordues des marchands de contremarques. C'était le jeune Nicolas des écoles de Port-Sauveur. Quinze ans, les joues creuses, un teint de fabrique sous des cheveux plats et luisants, il se balançait dans sa longue blouse, soulignant chaque mot d'un geste de voyou.

« Gloire à Dieu ! Je suis lavé dans le sang de Jésus... Je servais le démon, mon âme toute noire croupissait dans l'iniquité... Non, je n'oserai jamais vous dire l'énormité de mes fautes... »

Il reprit haleine une minute, et l'on put croire qu'il allait donner le détail de ses péchés. Or, comme avant d'entrer à Port-Sauveur il avait passé deux ans à la Petite-Roquette, les auditeurs en auraient entendu de raides. Heureusement, il passa outre.

« Maintenant, tout est gloire et lumière dans mon âme. Jésus m'a tiré du torrent de perdition, il vous en tirera aussi, si vous l'appelez à l'aide... Pécheurs qui m'écoutez, ne résistez pas davantage... »

Il s'adressait aux vieilles dames du premier banc, avec un sourire entendu, des petits frisements d'yeux, comme à d'anciens compagnons de bagne ; il les engageait « à fuir les mauvaises sociétés, à s'abandonner à Jésus dont le sang précieux lave les plus grands crimes... »

Puis, roulant des epaules, la tête en avant avec son cou de tortue ridé et grêle, il s'éloigna pour faire place a Watson de Cardiff.

Quand on la vit, un fremissement remua la salle, comme a l'entrée de l'actrice en vedette. C'était l'attrait du programme, cette Watson, et dans le monde de la présidente « un témoignage » attendu depuis longtemps. Eline reconnut, sous la passe en auvent d'un chapeau anglais noue de larges rubans, la figure bouffie et molle de larmes, les yeux brûlés, sanglants, de l'apparition qui l'avait tant frappee à sa visite chez Mme Autheman. Ce matin-la, sans doute, on lui faisait repeter son « témoignage », et Lina aurait pu dire au prix de quels dechirements.

« Elle rechigne, mais elle ira!... »

Eh bien! non, en vue de tout ce monde, avec cet éclairage, ces regards sur sa douleur et sa laideur, la parole lui manqua subitement. On voyait haleter cette pauvre poitrine plate, et deux mains blanches à grosses veines remonter jusqu'à cette gorge sifflante, y chercher instinctivement l'obstacle maladif qui l'étouffait, empêchait les mots de sortir.

« Watson!... » fit une voix brève et sévère. La catechumène inclina la tête de côté pour dire que oui, qu'elle allait parler ; et l'effort fut tel qu'on entendit comme un craquement, le déroulement d'une chaîne d'horloge dans son cou.

« *Oune nouit dans le larme !...* » commença-t-elle, mais si bas que personne n'entendit.

« Plus fort ! » commanda la voix de tout à l'heure. Alors elle se lança, et d'une haleine, avec un accent anglais epouvantable : « *J'avais tres beaucoup souffert pour le croyance de Jiésou ; et je voulais raconter vos le long patience j'avais supporté.* »

Au Palais Royal, c'eut été un fou rire. Ici, on s'interrogeait avec stupeur : « Qu'est-ce qu'elle dit ? » Sur l'estrade, Mme Autheman et Anne de Beuil chuchotaient. Puis la présidente appela : « Iline Ebsen !... » avec un signe de venir auprès d'elle. La jeune fille hésitait, regardait sa mère.

« Allons !... »

Elle obeit comme dans un rêve, comprit qu'on lui demandait de traduire à mesure le témoignage que Watson prononcerait dans sa langue. Elle, que deux personnes à côté de son piano paralysaient, parler là, devant ce monde ! « Jamais elle n'osera... » pensait la mère. Elle osa pourtant, et se mit à traduire docilement, en suivant les inflexions de la catéchumène, pendant que Mme Ebsen, animée d'une puerile vanité maternelle, regardait fierement autour d'elle, pour juger de l'effet produit.

Ah ! malheureuse mère, c'est son enfant qu'elle aurait dû regarder, ses joues qui s'allu-

maient d'un eclat de fièvre, ses yeux d'abord
baissés sous leurs cils de soie claire et qui s'ouvraient brillants et fixes; elle eût compris alors
que cela se gagne, ces attaques mystiques,
comme la crise nerveuse qui abat parfois sur
leur lit d'hôpital toute une rangée de malades,
et que cette démente, hagarde et flétrie, debout
a côté d'Eline, l'effleurant de son geste, de son
haleine chaude, lui passait à mesure un peu
de sa folie contagieuse.

Sinistre et féroce, ce « temoignage » de
Watson. Un jour, un de ses enfants s'était noyé,
sous ses yeux, presque entre ses bras; et cette
mort l'avait jetée dans une horrible torpeur de
chagrin que rien, personne, ne pouvait secouer.
Alors une femme était venue, disant: « Watson, lève-toi et ne pleure plus. Ce qui t'arrive
est un premier avertissement du Père, la puni-
tion d'avoir livré tout ton cœur aux affections
terrestres, car il est écrit: *N'aimez point.* Et, si
ce premier avis ne suffit pas, le Père t'avertira
encore, il te prendra ton mari, les deux enfants
qui te restent, il te frappera sans relâche jusqu'à ce que tu aies compris. »

Watson demanda: « Que dois-je faire?
— Renoncer au monde et travailler pour le
divin maître. Il y a des milliers d'âmes aban-
données par ignorance au démon. Va les délivrer, apporte-leur le salut de l'Évangile. La vie
des tiens est à ce prix.

— Je pars... » dit Watson ; et profitant d'une absence de son mari, — gardien-chef au phare de Cardiff et de service la moitié du mois, — elle quitta sa maison, une nuit, pendant que les petits dormaient. Oh! cette nuit du départ, cette dernière veille auprès des deux couchettes que berçait un même souffle innocent et égal, le cramponnement désespéré à ces petites mains, à ces petits bras jetés dans l'abandon du sommeil et la grâce caressante de l'enfance... Quels adieux! Que de larmes! Elles coulaient encore, de souvenir, le long de ce pauvre visage, dans deux creux de lave dévorante... Mais avec l'aide de Dieu, Watson triompha des pièges de l'esprit du mal. Et maintenant, la voilà en règle avec Jésus... heureuse, oh! bien heureuse, le cœur inondé de joie... Watson de Cardiff est sauvée, gloire à Dieu dans les cieux ! sauvée par la gloire de Dieu en Jésus-Christ... Et sur l'ordre de ses chefs, elle ira proclamer l'amour de Jésus, en chantant et prophétisant, fût-ce au sommet de la montagne la plus haute.

C'était effrayant, le contraste de ce vivant désespoir aux traits brûlés, convulsionnés, et de cet hosannah mystique, essayant de s'envoler dans un anglais roucoulant et zézayant — *delicious, very delicious*, — comme un pauvre oiseau blessé qui chanterait sa mort, les ailes sanglantes. Son témoignage fini, elle resta debout à la même place, inconsciente, anesthésiée, remuant ses lèvres mortes, pour une prière qu'on n'entendait pas.

« Emmenez-la... » dit Mme Autheman, pendant que l'orgue et le chœur entonnaient dans le brouhaha de la salle réveillée :

Pécheurs, fuyez la folie ;
Tournez vos pas vers Chanaan.

Tout le monde, en effet, paraissait pressé de fuir, d'échapper à cette atmosphère étouffante et démentielle. A la sortie, chacun respira longuement ; et les yeux s'étonnaient de revoir les trottoirs bruyants, la foule autour des tramways et des omnibus, les avenues encombrées de voitures roulant vers le Bois par ce beau soir de dimanche et d'été, dans les grands rayons électriques projetés de l'Arc-de-Triomphe, qui aveuglaient les chevaux et faisaient reluire comme en plein jour les affiches de théâtre et les enseignes des magasins.

Tandis que tout agitée du succès de son enfant et des compliments que lui avait faits la présidente, Mme Ebsen essayait de causer avec Eline dans le bruit des roues et les cahots de l'omnibus sur le pavé, la jeune fille assise au fond ne prononça pas dix paroles pendant le long trajet des Ternes au Luxembourg.

« Hein, Linette, traduire au pied levé comme

ça !... Lorie eût été fier, s'il t'avait vue... mais quelle chaleur !... Dis donc, et cette Watson... C'est tout de même terrible, ce qu'elle a fait là... Son mari, ses enfants... Est-ce que tu crois ça possible, voyons, que Dieu commande de pareilles choses ?... »

Sous son intonation, il y avait tout ce qu'elle n'osait dire, l'absurde, le cruel qui ressortait pour elle de cette étrange cérémonie, et le « tout ça c'est des bêtises » dont elle aurait conclu sans la mine fermée de sa fille, avec qui elle ne se sentait pas en confiance comme à l'ordinaire. Instinctivement elle se rapprochait d'elle, cherchait la main de son enfant qu'elle trouvait froide et lourde :

« Qu'est-ce que tu as, chérie ?... tu es gelée... relève donc cette vitre.

— Non, non, laisse... » disait Eline tout bas, agacée pour la première fois par les paroles inutiles, le bourdonnement affectueux de sa mère. Et puis cet omnibus du dimanche l'écœurait. Tout ce monde qui vous heurtait à monter et à descendre, la trivialité de ces figures entrevues dans l'ombre, ces expansions encombrantes et vides... Et s'accoudant au cadre de la glace, elle essayait de s'isoler, de ressaisir son émotion de tout à l'heure. Mais qu'avait donc Paris, ce soir-là, ce Paris où elle était née par hasard et qu'elle aimait comme une vraie patrie ? Il grouillait dans un air lourd au bord de ruisseaux puants, plein de chansons d'ivrognes, de cris d'enfants affamés, de commérages avachis au pas des portes. Plus loin, le luxe des beaux quartiers, les cafés débordant jusque sur la chaussée, ces hommes, ces femmes, ce va-et-vient blafard sous le gaz, l'attristaient encore davantage. C'était comme un bal masqué dont on n'entendrait pas la musique, un tourbillon de mouches folles dans le soleil, autour de l'arbre de la mort... Oh! la riche moisson d'âmes. Que ce serait beau de montrer le Sauveur à tous ces repus du plaisir! Et elle ressentait à cette idée, comme là-bas sur l'estrade, quelque chose qui la soulevait intérieurement, une montée douce et puissante...

Il pleuvait maintenant ; une averse d'équinoxe balayant les boulevards, remplissant les bureaux de correspondance, les dessous de porche, de gens effarés et pataugeant dans l'eau en fourmis noyées. Mme Ebsen dormait, bercée par la voiture, sa bonne figure abandonnee sur les brides de son chapeau. Eline pensait au terre-à-terre égoïste de leur vie. Avait-elle bien le droit d'être méprisante pour les autres? Que faisait-elle de mieux et de plus? Comme c'était court et puéril, le bien qu'elle essayait!... Dieu n'exigeait-il pas autre chose? Et si elle le lassait par tant de paresse et d'indifférence. Deja, il venait de l'avertir comme Watson, en lui prenant cette pauvre grand'mère brusquement, sans le temps d'un retour vers Jésus. S'il la frappait d'un nouveau coup au cœur... Sa mère !... Si sa mère mourait à son tour, subitement !...

Ce fut l'angoisse de toute sa nuit.

L'impression de cette soirée, au lieu de s'effacer au courant des jours, au train laborieux de sa vie, grandit, s'enfonça en elle, la hantait même aux heures de leçons, dans ces maisons amies et riches où elle enseignait l'allemand et l'anglais aux enfants dont Mme Ebsen avait eu les mères pour élèves. Malgré l'accueil bienveillant et la douceur de confort qui allait si bien à sa nature délicate, Eline s'ennuyait maintenant à la table de travail bordée de petites têtes blondes aux cheveux frisés sur de grands cols anglais et les jerseys ancrés de rouge. Elle s'énervait des questions interrompantes, des envolements de tout ce petit monde, arrivait à trouver, comme Henriette Briss, sa besogne abêtissante, inférieure aux forces qu'elle se sentait. Et les parents !... Quels esprits grossiers et futiles, que ces hommes !... Les femmes, quelles étagères à bibelots!

La baronne Gerspach, une bonne personne, mon Dieu, oui; mais si nulle, toute à l'écurie du baron qui faisait courir, toujours préoccupée d'un nom à effet pour la pouliche qu'on allait lancer, ou de quelque remède — poudre

ou pommade — à cette malheureuse maladie
de peau, la maladie des Autheman, qui la dé-
vorait a chaque changement de saison, comme
au pensionnat, lorsqu'elle n'était encore que
Deborah Becker. Aussi, la leçon finie, Eline se
sauvait bien vite et trouvait un prétexte pour
echapper au déjeuner, préférant un gâteau,
un verre d'eau glacée pris en hâte sur un
comptoir de pâtissier, à ces plantureux repas
de viandes rouges et de porto, où le baron,
avec son gros rire lippu à lèvre double, la plai-
santait lourdement sur ses projets de mariage.

Elle se plaisait mieux chez la comtesse d'Arlot, dans le petit hôtel de la rue Vézelay, dont
le voisinage d'un couvent de Barnabites semblait imprégner les murs, les tapis, d'une odeur
d'encens et de dévotion. Il y avait là, derrière
ce luxe et ce calme, une grande douleur de
femme, un drame de ménage qu'Eline connaissait bien ; car les jeunes filles dans sa position
sociale sont vite initiées aux réalités tristes de
l'existence. Mariée depuis quelques années à
un homme qu'elle aimait profondément, la
comtesse recevant un jour la visite de noces
d'une nièce, orpheline; élevée chez elle, par
elle, acquérait la preuve, — et quelle preuve,
cynique, brutale, une étreinte à pleins bras, à
pleine bouche, surprise entre deux portes, —
que cette jeune femme avait été, était encore
la maîtresse de son mari.

A cause du monde, d'un grand nom toujours respecté, et surtout pour sa fille dont elle ne voulait pas faire l'enfant d'une femme séparée, Mme d'Arlot évita tout éclat, garda les apparences d'un intérieur uni, les politesses, les égards qu'on se doit entre ennemis forcés de vivre côte à côte. Mais elle n'oublia jamais, ne pardonna pas, s'abîma dans un catholicisme passionné, maladif, laissant livrée à des gouvernantes l'enfant qui déjà devinait bien des choses à cet abandon, et dont les petits yeux, souvent aux repas, allaient de ce père trop poli à cette mère silencieuse, avec une curiosité inquiète et sournoise.

Que de fois Mme Ebsen et Eline s'étaient dit que la pauvre comtesse eût mieux fait de donner moins de son temps aux églises et d'en garder le meilleur pour son enfant, sa maison, sa tâche de mère et de femme, aussi consolante et moins stérile que son perpétuel agenouillement! Maintenant Eline la comprenait et ne lui reprochait plus sa dévotion outrée, seulement ce que cette dévotion avait d'égoïste et d'improductif, la plainte profane dominant toujours ses effusions vers Dieu. Quelle différence avec le prosélytisme d'une Jeanne Autheman, le renoncement d'une Watson?

« Par où allez-vous, Lina? Je vais vous conduire... » disait Mme d'Arlot après la leçon; et, dans sa voiture bien suspendue, toute à son chagrin et le berçant, le ressassant, elle s'abandonnait à de ces confidences découragées dont les femmes s'excitent et s'attristent entre elles, prêchait à cette enfant déjà troublée le dégoût, le mépris de la vie, le detachement de toutes les joies sans durée pour celle qui ne s'épanouit qu'au ciel. Quelquefois on s'arrêtait, on entrait dans une église. Eline n'y mettait aucun scrupule, les temples protestants restant fermés en semaine, et tout lieu de prière gardant l'atmosphère de mysticité où se plaisent les âmes religieuses. Dans Sainte-Clotilde déserte, elle était encore mieux pour se recueillir et s'interroger devant Dieu, que le dimanche au culte officiel et mondain de la rue Chauchat.

C'est une des surprises de Paris, que ce temple scandinave en plein quartier Montmartre, à deux pas de l'Hôtel-des-Ventes. En quittant le boulevard des Italiens, rien n'est plus saisissant que de se trouver tout à coup dans ce jour froid tombant d'une voûte en arceaux à demi vitrée, devant ce pasteur en long mantelet noir prêchant dans un dialecte dur, guttural, qui roule en quartiers de roche, rebondit sur des bancs de bois massifs où s'inclinent des nuques blanches à lourdes nattes fauves, de solides carrures d'hommes, toute la colonie danoise, norvegienne, suédoise, — teints chauds, regards clairs, barbes de dieux

du Nord, — qui a ses noms inscrits sur le
« livre des Scandinaves » au café de la Régence,
et pour qui les boulangers de la rue Saint-
Honoré cuisent un pain spécial de seigle et de
miel.

Longtemps ç'avait été pour Éline un repos
charmant, cette heure passée la, le dimanche,
à accompagner sur l'orgue des cantiques danois
qui lui parlaient de la patrie inconnue. Aujour-
d'hui, elle accompagnait distraitement... Que
pouvaient bien faire à Dieu ces rapsodies chan-
tées par des voix indifférentes, sur un ton vulgaire et machinal? C'était bien cela le Christianisme officiel, avec ses rites routiniers, sa foi
sans chaleur qui indignait tant Mme Autheman.
Il y a au Japon des machines à prier, mues
à la façon des vielles et déroulant les oraisons,
qui sont tout aussi capables d'émouvoir les
cœurs.

Et ces jeunes filles coquettes, renversant leurs
jolies tailles où battent des flots de cheveux
argentés comme par la mousse des cascades,
ne s'occupant, même là, que de toilette et de
vanité, s'observant, se jalousant du coin de
l'œil. Et les bonnes dames tranquilles, aux faces
pleines, vraies « têtes de bouillie, » — comme
en Allemagne on appelle les Danois, — se saluant et s'invitant, avant d'être hors du temple,
à des dîners, à des thés copieux. Jusqu'au sacristain, en habit de maître d'hôtel, tendant

pour la quête, d'un air endormi et placide, son filet à papillons au bout d'un long manche; jusqu'au pasteur Birk, les cheveux en rouleaux, sa tête de côté, ses regards langoureux et voraces qui guettaient les dots à la sortie. Partout et dans tous elle reconnaissait cette paresse de l'âme, s'étendant en moisissure au fronton du temple, comme une rouille aux barreaux de sa grille extérieure. Et lorsqu'en rentrant chez elle elle apercevait le vieil Aussandon dans son petit verger, l'arrosoir ou le sécateur à la main, même celui-là, après tant de preuves données de son zèle orthodoxe, si droit et si ferme dans sa foi; Aussandon, le maître, le doyen de l'Église, lui semblait atteint autant que les autres et qu'elle-même. Paresse de l'âme! Paresse de l'âme!

De ces troubles de la jeune fille, de cette lente pénétration de tout son être par l'idée fixe, personne dans son entourage n'avait le moindre soupçon. Mme Ebsen, toute à l'ivresse de ce mariage qui comblait ses vœux, — sa fille près d'elle et un gendre dans le gouvernement, — s'occupait déjà de l'installation et du trousseau. Eline avait beau dire : « plus tard... nous avons le temps... » La mère, sans se préoccuper du peu d'entrain de la fiancée, ayant fait elle-même un mariage de tranquille raison, remuait ses armoires, dépliait des draps, triait dans un tas de vieilles reliques les bijoux qu'elle donnerait à son enfant : une broche ornée du portrait du père, un rang de perles, de ces parures montées en filigrane, comme on en porte aux pays du Nord. Elle aunait des dentelles, combinant, cherchant à en tirer le meilleur parti :

« Vois donc, Linette, j'ai pour les manches... si nous trouvions la pareille pour le cou... c'est ça qui serait joli, ta robe de noces garnie de bruges... »

Puis elle courait les magasins, pour se monter en linge, en vaisselle, car les deux ménages vivraient ensemble, et il ne fallait pas beaucoup compter sur l'apport du rez-de-chaussée. Elle était allée faire un tour par là, voir un peu avec Sylvanire ce qui manquait ; et, dam ! c'était comme dans ces pays neufs dont parlait Lorie... beaucoup de place et tout à faire !... Mais, avec de l'économie bien entendue, les leçons et les traductions de Lina, les appointements du ministère, on y arriverait encore ; sans compter que l'ancien sous-préfet ne désespérait pas de rentrer en grâce. Chemineau avait parlé de cela chez la baronne. Et les voyez-vous installés dans une sous-préfecture de première classe, mettons même de seconde, un grand jardin si la mer, comme à Cherchell, des chevaux, une voiture, un salon à lustre, dont Mme Ebsen aiderait sa fille à faire les honneurs !

C'est avec Lorie, lorsqu'il montait le soir,

epanoui, sûr de son bonheur, que la mère faisait tous ces beaux rêves. Heureuse du prétexte de la leçon, Eline échappait à ces bavardages qui l'ennuyaient, l'outrageaient même, à tourner toujours autour de son mariage... Mariée! Pourquoi?... Et dans la grêle monotonie d'une récitation d'enfant, elle songeait, loin, le regard perdu, n'éprouvant plus le moindre intérêt aux progrès de son élève, ni le moindre plaisir à l'installer sur une petite chaise dans ses jupes, à son ancienne place aux pieds de grand'mère, pour lui montrer un point de tapisserie ou de couture... Non, elle avait hâte de se mettre elle-même au nouveau travail de traduction dont l'avait chargée une résidente : ENTRETIENS D'UNE AME CHRETIENNE AVEC DIEU, par Mme...

Dès sa jeunesse, Jeanne Autheman avait eu des conversations familières avec le Sauveur. Le livre les rapportait par demandes et par réponses; et, dans une préface exaltée, J.-B. Crouzat, directeur des écoles de Port-Sauveur, expliquait comment ces entretiens avec l'Inaccessible, si choquants pour les habitudes de l'esprit moderne, n'avaient rien que de très simple et de très orthodoxe chez celle qu'il appelait *La Grande Mystique*. « *En effet, dans cette âme tout absorbée en Dieu...* »

« Linette, écoute donc la bonne idée de M. Lorie... Un escalier intérieur, reliant les deux étages... Il a fait le plan... »

Lorie s'approchait et montrait du bout de
son loignon un plan superbe, lavé à l'encre de
Chine pendant les loisirs du bureau. L'escalier
viendrait là, comme ceci...

« Charmant ! » disait Eline sans tourner la
tête, et elle s'abîmait dans ce mysticisme sinistre ou la Lyonnaise enveloppait des brumes
molles de son pays natal tous les rancœurs de
sa jeunesse. Puis, dix heures sonnant à Saint-
Jacques, la petite Fanny l'entourait de ses deux
bras serrés avec confiance, lui disait un « bonsoir, maman, » dont l'intonation gentille recon-
ciliait pendant une minute la pauvre Eline avec
l'idée de son mariage.

Une après-midi que Mme Ebsen était seule à
la maison, à faire des comptes, il lui arriva une
visite si imprévue, si extraordinaire, que le nez
de la bonne dame en laissa glisser ses lunettes
de surprise... Mme Autheman chez elle !... Elle
aurait voulu écarter les murs de l'antichambre,
faire un passage digne de sa fortune à la femme
du grand banquier. Heureusement que le salon
était, comme toujours, bien en ordre, les persiennes tirées, les cuivres de la console étincel-
lants, les fauteuils à leur place, sous leurs beaux
dossiers de guipure. Mais, elle-même, à quoi
ressemblait-elle avec cette vieille robe de maison, ce bonnet fatigué ? Mon *Tieu !* mon *Tieu !...*
Et Linette qui n'était pas rentrée...

« Nous nous passerons d'elle... » dit Mme Autheman dont le calme sourire faisait avec l'agitation de la Danoise, un contraste aussi frappant que le luxe discret et vraiment mondain de sa toilette aux couleurs sombres, soie et jais, en face des franges éperdues de la brave femme.

« Madame vient peut-être pour les *Entretiens?*.. C'est qu'Eline n'a pas tout à fait fini... La pauvre petite n'a que ses soirees... » Et la voilà racontant la vie laborieuse de sa fille, ses courses, ses leçons, son obstination à vouloir tout faire elle-même. « Comme elle dit toujours : Tu as assez travaillé, maman, il faut que tu te reposes... Ah! c'est une enfant, voyez-vous... »

Ce « voyez-vous » ponctué par deux grosses larmes en dit plus long que la phrase qu'elle cherchait et que la femme du banquier semblait chercher aussi aux angles du petit salon dont son œil clair faisait le tour minutieusement.

« Que gagne votre fille avec ses leçons?... demanda-t-elle, quand la mère eut fini de parler.

— Oh! c'est selon, madame... »

Il y avait des mortes-saisons, les eaux, les bains de mer, les villegiatures lointaines que Lina refusait toujours pour ne pas la laisser seule. Justement elle était en train d'examiner leurs petits comptes... Cette année, ça irait dans les quatre mille francs.

« Je lui offre le double, si elle veut se consacrer à nos écoles... » Ce fut dit négligemment, jeté avec un dédain de millionnaire. Mme Ebsen était eblouie. Huit mille francs, quelle aubaine pour le petit menage! Mais à la réflexion, cela ne lui parut pas possible. Toutes leurs belles relations auxquelles il faudrait renoncer, les d'Arlot, la baronne sur qui l'on comptait pour l'avancement de Lorie. Jamais sa fille ne voudrait.

Mme Autheman insista alors sur la fatigue d'Eline et le danger pour une jeune et jolie personne de battre ainsi Paris toute seule, tandis que leur coupé serait venu la prendre tous les matins. Enfin, à force d'instances, la mère consentit à trois jours par semaine. On convint du prix, des heures. Eline déjeunerait à Port-Sauveur et rentrerait avant la nuit. En tout cas, si elle s'attardait, les chambres ne manquaient pas au château...

Mme Ebsen eut un beau cri indigné : « Ça, non, par exemple !... jamais je ne pourrais dormir, si je ne sentais pas ma petite près de moi... »

L'autre coupa court, et se levant pour partir :

« Vous aimez beaucoup votre enfant, madame? dit-elle d'un ton grave.

— Oui, beaucoup... répondit la mère, gagnée à son insu par l'accent sérieux et profond de cette étrange demande... Je n'ai que ma fille au monde. Nous ne nous sommes jamais quittees. Jamais nous ne nous quitterons.

— Pourtant elle se marie...

— Oh! mais nous resterons toujours ensemble. Ça été la première condition. »

Elles arrivaient sur le palier.

« On m'a dit que ce M. Lorie n'était pas de la véritable église... » fit Mme Autheman en prenant la rampe, et sans paraître attacher autrement d'importance à sa question. La maman, qui descendait derrière elle, fut un peu embarrassée pour répondre, connaissant la dame. Effectivement, M. Lorie n'était pas... Mais le mariage se ferait au temple. Oh! Eline y avait tenu.

« Je vous salue, madame... » dit la femme du banquier d'une voix brusque; et lorsque Mme Ebsen arriva sur la porte, tout essoufflée, son bonnet au vent, le coupé partait au grand trot, lui enlevant la joie vaniteuse de mettre sa belle visite en voiture devant toute la rue émerveillée.

IX

EN HAUT DE LA CÔTE

Erikshald par Christiania.

EH bien! ma chère Eline, j'ai suivi votre conseil, j'ai tenté de m'arracher à cette vie de servage où la miette de pain gagné me semblait si dure; et, puisque mon corps, trop débile pour les volontés de mon âme, me condamne à végéter hors de mon cher couvent avec la flamme du sanctuaire brûlant en moi, j'ai voulu l'abriter, cette flamme pure, au creux du fiord natal, devant cette mer de Norwège que je n'avais pas revue depuis quinze ans.

« Ma rupture avec la princesse? Oh! brusque

et bizarre, comme je devais l'attendre d'une personne aussi fantasque. En passant à Buda-Pesth, j'avais trouvé un ancien compagnon de Kossuth, patriote convaincu, tombé dans la plus noire misère, mais digne et fier sous sa guenille, un héros, un saint. Pour le secourir et l'honorer en même temps, je le fis asseoir près de moi, à la table de l'hôtel. Quel scandale ! Toutes les dames se levèrent, refusant de manger avec un mendiant, comme si le divin maître qui lavait les pieds aux pauvres n'avait pas donné vingt fois l'exemple de la sainte humilité. La plus indignée encore fut la princesse, imbue, malgré ses prétentions au christianisme libéral, de tout le despotisme de sa caste et de sa race. Après une explication violente, elle m'abandonna sans argent dans cette ville inconnue, obligée de me faire rapatrier par mon consul avec un certificat d'indigence. Cette confirmation à mon vœu de pauvreté m'eût laissée pourtant bien calme et sereine, si j'avais trouvé ici l'asile souhaité.

« Ah ! mon amie...

« D'abord une vraie joie, en arrivant, de revoir le petit village marin, ses maisons de bois, le clocher en vigie dominant les flots, et tout autour de l'église n'ayant pour vitraux que le bleu de la mer, le cimetière d'herbes folles, aux croix serrées, bousculées comme par le roulis et le vent du large. Le beau coin pour prier et vivre en Dieu, si l'on n'etait distrait à tout moment par la méchanceté, la sottise, le bruit vorace du pauvre bétail humain qui broute là. Pas un reflet du ciel dans tous ces yeux, ni une pensée vers la survie. Sur le petit mur bas du cimetière, les enfants jouent, les ménagères s'asseyent pour coudre aiguisant leurs langues meurtrières; et le dimanche soir, les belles filles, troublant la mort de chansons profanes, mènent des rondes et remuent de leurs jupes folles l'ombre entremêlée de ces croix de tombe que la lune allonge sur la plage. Mais ce que j'ai vu à la maison est encore bien plus triste.

« L'accueil de mes vieux parents fut tendre, à l'arrivée. Un doux rappel des sollicitudes d'autrefois pour l'enfant devenue femme agitait, étonnait mon père et ma mère me cherchant les premiers jours dans mes paroles, dans mes regards et les moindres activités de ma vie à leur foyer. Mais à mesure que le calme se faisait en eux, qu'ils reprenaient leurs habitudes journalières, je voyais bien qu'ils ne me retrouvaient plus; et de mon côté, l'écart grandissait aussi. Qui a changé d'eux ou de moi?

« Mon père est charpentier, obligé de travailler pour vivre, malgré son grand âge. Il fabrique ces maisons aux toits de bouleau qui, l'hiver, tremblent sous la neige; il fabrique aussi les cercueils de la paroisse, mais sans trouver une pensée pieuse dans l'accomplissement de ce triste devoir. Il le berce de refrains grossiers, l'oublie dans ces mornes distractions qui font pleurer les femmes. Il y a toujours une grosse bouteille jaune sous les copeaux de l'établi. Ma mère s'est plainte d'abord, elle a supplié; puis repoussée par des mains brutales, elle a plié sous l'injure et les coups, et l'invisible poison des choses s'est aussi infiltré en elle pour y détruire le sens divin. Ce n'est plus une femme, une mère; c'est une esclave sans dignité.

« Je sais que je vous blesse par ces aveux, vous trouvez ma clairvoyance impie. Mais je vous l'ai dit souvent, Eline, depuis longtemps, j'ai dépassé la terre, et, née une seconde fois en Dieu, je me glorifie d'avoir perdu tout sentiment humain. Écoutez le dénouement de ce drame domestique : hier matin, enfermée dans ma petite chambre, un semblant de cellule aux meubles de bois, où je me réfugie à toute heure, pour prier, méditer, écrire, vivre à genoux, ô Jésus, devant ta croix conductrice des âmes, j'ai entendu mon père (ces cloisons sont si minces) demander brutalement à ma mère ce que j'étais venue faire chez eux puisque je ne voulais ni coudre, ni filer, ni aider aux soins du ménage. Il criait : « va lui dire... va lui dire. »

« Un moment après, ma mère est montée doucement, elle a tourné autour de moi avec son air éternellement embarrassé, m'a grondée tout bas de ne pas m'occuper. Mes sœurs étaient mariées ; la plus jeune, en service à Christiania, trouvait le moyen d'envoyer quelque petit secours aux parents. Ma santé s'améliorait, il fallait pourtant tâcher de... ou alors... Je ne l'ai pas laissée finir. J'ai pris entre mes mains ce vieux visage, dont les baisers étaient si doux autrefois à ma tête blonde ; et je l'ai baigné longuement de mes larmes, les dernières.

« Et maintenant, où irai-je puisque les miens ne veulent plus de moi ? Il m'en fallait si peu cependant pour ne pas mourir. On m'offre une place à Saint-Pétersbourg. Encore une éducation, c'est-à-dire l'abaissement et le servage. Mais qu'importe ? Ce malheureux essai de vie familiale vient de me convaincre que le monde est mort pour moi, la famille comme le reste. Mon cœur se ferme à la terre, Eline, et rien de la douceur humaine ne le pénétrera plus... »

Eline recevait cette lettre d'Henriette Briss, un soir, en revenant de Port-Sauveur. Elle la lisait devant la table mise, les deux couverts en face l'un de l'autre, avec le bouquet que Mme Ebsen ne manquait jamais de poser dans le verre de sa chérie pour ce repas ensemble, une fête de chaque jour. Et, tout en attendant sa mère, elle restait immobile sans même se débarrasser de ses gants ni de sa toque, regar-

dant cette lettre ouverte qui lui parlait des
mêmes idées de mort, de renoncement, d'anéan
tissement en Dieu qu'on lui prêchait là-bas,
pareilles dans les deux religions à la différence
des termes. Dans le terrible combat qui se
livrait en elle, quelle fatalité que cette voix
découragée d'Henriette Briss venant s'ajouter
aux paroles de Jeanne Autheman!

Une porte s'ouvrit. Sa mère rentrait. Elle
cacha la lettre dans sa poche, sachant ce
qu'en penserait Mme Ebsen. Pourquoi discuter,
quand on ne peut s'entendre? Comment avouer
que sans avoir, hélas! *dépassé la terre*, elle
comprenait maintenant qu'il y eût un devoir
plus haut, plus près du ciel que celui de la
famille, et que ces blasphèmes ne l'indignaient
plus?

« Te voilà, Linette?... Je ne t'avais pas vue...
J'étais en bas avec Sylvanire... Y a-t-il longtemps que tu es là?... mais défais-toi donc... »

Eline paraissait si lasse, si épuisée, comme
chaque fois qu'elle revenait de Port-Sauveur;
elle se débarrassait de son chapeau avec tant
de nonchalance, sans même un coup d'œil à
la glace pour voir si elle n'était pas décoiffée,
et à table elle mangeait si peu, distraite,
répondant à peine aux tendres encouragements
de sa mère, que celle-ci commença à s'in-
quiéter.

Comme toujours en été, elles dînaient, la

fenêtre ouverte sur le jardin, et l'on entendait des cris, des rires, mêlés à ces gazouillements eperdus que les oiseaux jettent en adieu au soleil couchant.

« Tiens! M. Aussandon a ses petits-enfants aujourd'hui. C'est une fatigue pour ce pauvre homme... Madame Aussandon est en voyage... Il paraît que le major va se marier. »

Une invention de la bonne dame, ce mariage ; un moyen de savoir s'il ne restait pas, par hasard, a Eline un petit sentiment au fond du cœur. Elle était si froide depuis quelques jours avec Lorie. Mais au regard en dessous de sa mère, Eline répondait un « Ah ! » d'une franche indifférence. Non, ce n'était pas cela.

Alors Mme Ebsen se tourmentait davantage. Elle examinait ces beaux yeux cernés d'un halo bleuâtre, ce visage qui s'effilait sous le menton et perdait sa fraîche rondeur adolescente. Décidément il se passait chez sa petite quelque chose d'extraordinaire. Elle essayait de la questionner sur ses journées de Port-Sauveur, sur les heures de classe ou de récréation.

« Comme ça, l'école est tout près du château, et tu ne vas que de l'un à l'autre?... Mais tu ne prends pas du tout d'exercice, ma chérie... C'est épuisant, cinq heures de classe, sans bouger... Au moins tu es allée voir Maurice à l'écluse?... »

Non, elle n'y était pas allée. Et Mme Ebsen se répandait en plaintes compatissantes sur ce pauvre petit, un peu délaissé au milieu des joies et des préparatifs du mariage...
« Son père trouve qu'il est mieux là-bas pour ses études navales; mais vraiment je ne vois pas trop ce qu'il peut apprendre... Ah! ma fille, quel bien tu vas faire dans cet intérieur! Quelle belle tâche pour une femme bonne et sérieuse comme toi! »

Bien sérieuse en effet, puisque rien ne pouvait la tirer de cet engourdissement, indifférence ou fatigue, qui la laissait à table, le repas fini, fixant au delà de la houle des arbres, vers le même point du ciel couleur d'or, une rêverie qui ne finissait pas.

« Sortons un peu, veux-tu, fillette?... Il fait si bon... Nous prendrons Fanny en descendant... »

Eline commença d'abord par refuser; puis devant l'insistance de sa mère : « Tu le veux?... Eh bien! allons... » fit-elle avec le ton d'une resolution prise, d'un sort jeté sur une grave décision.

En ces beaux soirs d'été, le parterre du Luxembourg, tout ce côté du jardin qui touche à l'ancienne pépinière dont il a gardé des arbustes, ressemble — avec ses plantations en corbeilles, ses clématites du Japon enroulant leurs lianes et leurs clochettes de pourpre en girandoles, avec ses massifs de yuccas et de cactus sortis des serres, ses statues aux blancheurs vibrantes, — à un parc vert et soigné, fraîchement arrosé pour le plaisir des promeneurs. Rien de la poussière des grandes allées, rien de la rumeur du boulevard Saint-Michel. Ici les moineaux se baignent dans le sable, volent au ras de l'herbe, en compagnie des gros merles familiarisés par les miettes du goûter des enfants.

De toutes les rues voisines, il vient après le dîner dans ces allées tournantes, vers le rucher modèle et les arbres fruitiers en bouquets, en quenouilles, en espaliers au vent, une population bien différente de celle qui hante les terrasses : des petits rentiers, des ménages, des femmes qui apportent leur ouvrage ou leur livre, et le dos tourné à l'allée, le visage à la verdure, épuisent jusqu'au dernier filet de jour ; des gens qui marchent le nez sur un journal, et des volées d'enfants s'appelant, se poursuivant, ou tout petits, essayant leurs premiers pas, et dehors, à cette heure tardive, parce que la mère travaille tout le jour.

Lorie, ayant installé le pliant de Mme Ebsen devant une bordure d'iris dont elle aimait les teintes satinées et le parfum aquatique, proposa à Eline de marcher un peu. Elle accepta vivement, fiévreusement, au contraire des autres jours où elle semblait éviter un tête-à-tête. Le pauvre homme ne cachait pas sa joie. Il prenait une allure fière qui le rajeunissait, tandis qu'ils s'éloignaient dans le jardin anglais et croisaient d'autres couples, des fiancés peut-être comme eux. S'épuisant en belles phrases, il remarquait à peine le mutisme de la jeune fille, qu'il prenait pour une réserve, plus grande maintenant que le mariage approchait. Car, sans que le jour fût fixé encore, on avait dit : « Aux vacances, » pour que, les élèves parties, les cours fermés, on eût le temps d'une installation. Aux vacances ! et l'on était en juillet...

Ah! le beau juillet rayonnant de soleil et de promesses. L'amoureux en était ébloui, aveuglé, comme ces vitres, au couchant, qui flamboyaient entre les branches, là bas vers le boulevard, et faisaient à leur promenade un horizon illuminé.

« Non... joue devant... » dit Eline à la petite Fanny venant se serrer contre elle. L'enfant obéit, se remit à courir dans le vol des hirondelles et les pépiements des pierrots qui sautillaient jusque sous les pas des promeneurs, allaient des arbustes aux statues, sur la crinière du lion de Cain ou le doigt levé de la Diane. Le jour descendait. Des ombres lilas couraient à terre. Eline les suivait, le regard baissé, et, tout à coup :

« J'ai appris quelque chose qui m'a fait de

la peine... Il paraît que Maurice se prépare à sa première communion... »

En effet, Maurice venait d'écrire à son père qu'il allait au catéchisme à Petit-Port et que le curé était tout fier d'avoir un communiant cette année. Mais en quoi cela pouvait-il la fâcher?

« On devait m'en avertir d'abord, dit-elle sévèrement, et je ne l'aurais pas permis... Puisque je dois être la mère de ces enfants, puisque vous voulez que je les guide dans la vie, j'entends qu'ils aient la même religion que moi, la seule, la vraie... »

Était-ce bien Lina, la charmante fille au placide sourire, qui parlait de ce ton sec et volontaire. Était-ce bien elle encore qui disait « va-t'en » d'un geste dur à l'enfant revenue vers eux et s'arrêtant, saisie du changement de leurs voix et de leurs figures? Le jardin tout autour semblait transformé, lui aussi, agrandi, plus vague, les fenêtres au lointain mourant une à une sous le crépuscule bleu qui montait. Subitement, Lorie se sentit gagné d'une tristesse qui lui laissait à peine la force d'un essai de débat devant la froide résolution d'Eline. Pourtant elle était trop raisonnable pour ne pas comprendre... Il y avait là un scrupule, un cas de conscience... Les enfants étaient catholiques comme leur mère, et ne fût-ce que par respect pour la morte... Elle l'interrompit sèchement :

« Il faut choisir... je ne saurais engager ma vie dans ces conditions, avec des différences de foi, de culte, et la discorde pour l'avenir.

— Eline, Eline, quand on s'aime bien, le cœur n'est-il pas au-dessus de tout cela ?

— Il n'y a rien au-dessus de la croyance... »

La nuit était venue, les oiseaux se taisaient dans les arbres; les passants, devenus plus rares, s'écoulaient au battement lointain de la retraite par l'unique sortie encore libre, pendant qu'à l'horizon la dernière fenêtre s'éteignait. De Lina, Lorie ne voyait plus que deux grands yeux qu'il reconnaissait à peine, tant leur fixité ressemblait peu à la douceur du sourire ami.

« Je ne vous parlerai plus de ceci, dit-elle... maintenant vous connaissez mes conditions... »

La mère, trouvant qu'ils s'attardaient, s'approcha d'eux avec Fanny : « allons... Il faut rentrer...C'est dommage, quelle belle soirée... » et elle continua à parler toute seule pendant le trajet qu'ils faisaient côte à côte en apparence, mais si loin, comme deliés.

« A tout à l'heure... Vous allez venir?... » dit Mme Ebsen au bas de l'escalier. Lorie rentra chez lui sans oser répondre, et laissa l'enfant prendre ses livres et monter seule. Elle redescendit presque aussitôt, pouvant à peine parler, tant son petit cœur était noyé de sanglots.

« Voilà... Il n'y a plus de leçons... Made...

Mademoiselle m'a renvoyée, elle ne veut plus être ma maman... oh! mon Dieu... »

Sylvanire la prit, l'emporta dans sa chambre, toute suffocante et pleurante. « Tais-toi, ma mie... pleure plus... Je ne te quitterai jamais, moi... Entends-tu?... Jamais. » On eût dit qu'il y avait une joie dans la grosse étreinte et les baisers bruyants de la servante, heureuse d'avoir reconquis son enfant et pressentant la rupture comme elle avait deviné l'amour.

Un instant après, Mme Ebsen arriva, bouleversée :

« Eh bien! mon pauvre Lorie...

— Elle vous a dit, n'est-ce pas?... voyons, est-ce que c'est possible?... moi, encore je ne dis pas... je l'aime tant, je ferais tout pour lui plaire... Mais ces enfants... Quand je sais les idées qu'avait leur mère. Je n'ai pas le droit... Je n'ai pas le droit... Et renvoyer Fanny comme elle a fait... Elle en pleure encore, la pauvre petite... Ecoutez.

— Eline aussi pleure là-haut... Elle s'est enfermée, dans sa chambre, pour que je ne lui parle pas... Comprenez-vous ça, m'empêcher d'entrer?... Nous qui n'avons jamais eu rien de secret l'une pour l'autre. »

Et, remuée dans son apathique et tendre nature, la bonne femme répétait toujours : « Mais qu'est-ce qu'elle a ?... Qu'est-ce qu'elle a ?... » On lui avait changé sa fille. Plus de piano, plus de lecture, une indifférence pour tout ce qui lui plaisait autrefois. A peine si elle consentait à sortir un peu. « Tenez! ce soir, j'ai dû la forcer... avec ça elle est pâle, elle mange mal... moi, je crois que c'est la mort de sa grand'-mère...

— Et Port-Sauveur... Et madame Autheman... dit Lorie d'une voix grave.

— Vous pensez?...

— Je vous dis que c'est cette femme... C'est elle qui nous prend notre Lina.

— Oui, peut-être... vous avez raison... » Mais ils payaient si bien, ils étaient si riches; et devant les hochements de tête du pauvre amoureux, que ces considérations ne touchaient guère, elle concluait « allons, allons, tout ça s'arrangera... » comme lorsqu'on veut s'illusionner et attendre son malheur les yeux clos.

Toute la nuit et le lendemain au bureau, pendant sa machinale besogne de subalterne, Lorie s'affermissait dans sa résolution de ne pas céder. Ce travail consistait à dépouiller les journaux, à en extraire le moindre article, le mot, où l'on parlait de son ministre, avec le nom de la feuille consigné en marge. Ce jour-là, tout au drame de son existence, il expédiait à la hâte son affaire, distrait par deux ou trois brouillons d'une lettre à Lina, difficilement élaborée au milieu des platitudes et des rires venus des pupitres de ses collègues, quand, dans l'après-midi, on l'appela chez son directeur.

Ce n'était plus Chemineau, depuis déjà quelque temps. Continuant sa montée rapide, l'ancien préfet d'Alger avait pris au même ministère la direction de la sûreté et même l'on parlait de lui pour la préfecture de police. « Chemineau chemine, » disait-on dans les bureaux. Celui qui le remplaçait, un divisionnaire à coups de sang, fit à son employé une scène épouvantable...Avait-on jamais vu! A son Excellence, un manque de respect pareil!...

« Moi?... j'ai manqué...?

— Mais certainement... Monsieur se permet des abréviations, Monsieur écrit *Mon. Univ.* pour *Moniteur Universel*... Espériez-vous donc que le ministre comprendrait?... Il n'a pas compris, Monsieur. Il ne pouvait pas, il ne devait pas comprendre... Ah! prenez garde à vous, Monsieur l'ancien Seize-Mai! »

C'était le dernier coup sur un homme à terre. Il en resta comme ahuri jusqu'au soir, se disant que Lina perdue pour lui emportait aussi son étoile. Ce fut bien pis, quand il apprit, en rentrant, que Fanny n'avait pas mangé de la journée, qu'elle était restée à attendre à la vitre le retour de Mademoiselle, sans qu'à ses appels de « Maman... Maman... » Eline eût daigné retourner la tête.

« Ça, monsieur, c'est méchant... » disait

Sylvanire indignée... « Notre enfant peut en devenir malade... » Puis avec un peu d'hésitation : « Je pensais... Si monsieur voulait... Nous irions toutes deux passer un bout de temps à l'écluse... Son frère, le grand air, ça la remettrait.

— Faites, faites... » dit Lorie découragé.

Le dîner fini, il entra dans sa chambre essayer d'un peu de classement pour se distraire. Comme cela ne lui était pas arrivé depuis longtemps, il secouait la poussière des cartons, ayant peine à se reconnaître dans ce système de numéros et de renvois avec lequel l'administration complique ses moindres paperasses et qu'il avait adopté pour ses rangements intimes. Malgré tout, sa pensée ne pouvait s'attacher à ce qu'il faisait, et montait d'un étage à tout instant, vers cette Eline impitoyable dont il suivait les pas légers, de la croisée à la table, du piano à la place de grand'mère, chaque angle dégarni de la pièce où il se trouvait lui figurant le même au-dessus, mais orné, coquet, aimable aux yeux.

Il songeait, le pauvre homme, et sa conscience s'agitant aux mouvements de son cœur, il en arrivait aux compromis, aux subterfuges. C'était assez juste, après tout, ce qu'elle demandait là : son mari, ses enfants, elle-même, unis devant le même Dieu, — puisqu'il y en a plusieurs, paraît-il, — et le lien pieux consolidant la famille. D'ailleurs l'État reconnaissait cette religion comme l'autre. Et pour le fonctionnaire c'etait là un point essentiel...

Dans l'intérêt même de ses enfants, où leur trouverait-il une mère plus tendre, plus sensée, plus mère? Et s'il renonçait à un second mariage, ils seraient donc pour jamais laissés à leur bonne. Maurice, encore, on était sûr de sa vocation, de son avenir; mais Fanny... Il se la représentait telle qu'elle lui était revenue d'Algerie, avec les mains rouges, un gros châle comme Sylvanire, la coiffure, l'humble attitude, l'odeur d'une enfant de pauvre...

Éperdu, il appela à son secours le souvenir de sa chère morte. « Aide-moi... conseille-moi... » Mais il avait beau l'évoquer, il ne pouvait plus la voir; et toujours à sa place se dressait l'image blonde et rose, toute jeune et tentante, d'Eline Ebsen. Même cela, la mémoire du premier bonheur, elle lui avait tout pris. Ah! mechante Lina.

Décidément, ce soir-là, le classement n'avançait guère. Lorie vint s'accouder à sa fenêtre ouverte. En face, de l'autre côté du jardin, la fenêtre d'Aussandon, éclairée aussi, lui montrait la silhouette du doyen penché sur son bureau. Jamais il n'avait parlé à ce grand vieillard, qu'il rencontrait et saluait souvent, ferme et droit sous ses soixante et quinze ans, les cheveux et la barbe en collier tout blancs et crépus autour d'une bonne physionomie spirituelle ; mais Mme Ebsen lui avait raconté cette existence glorieuse, et il en savait les moindres détails.

Cévenol et paysan, sans aucune ambition, Aussandon, s'il eût ete seul, n'aurait jamais quitté sa première cure, a Mondardier, dans le Mezenc, son temple en pierre noire du pays, sa vigne, ses fleurs, ses abeilles, qu'il aimait à soigner dans les intervalles du culte, appliquant la même douceur d'âme au sacerdoce et au jardinage, trouvant un sermon sous sa bêche comme il semait le grain du haut de sa chaire.

Le dimanche, les offices du village terminés, il avait un prêche dans la montagne pour les bergers, les bûcherons, les fromagers. Trois marches en bois au dela de toute culture, au delà des sapins et des châtaigniers, dans cette zone élevée où rien ne pousse, où rien ne vit plus que des mouches. Ses plus beaux discours, familiers et grands, furent parlés là pour ces pauvres, en vue d'un horizon pastoral d'où l'humanité civilisée semblait absente, les sonnailles des troupeaux dispersés sur les pentes, s'eloignant, se rapprochant, et secouées au cou des bêtes qui paissaient, répondant seules à la voix du pasteur. Cet accent des hauteurs, rafraîchissant et fier, cette âpreté de parole où le patois faisait souvent image et flattait l'auditoire, Aussandon ne les perdit jamais et leur dut plus tard sa gloire de prédicateur à Paris. Le sermon fini, il dînait dans une hutte, d'un plat de châtaignes, et redescendait accompagné de tout un peuple chantant des versets, quelquefois dans un de ces formidables orages de montagne, dont les roulements, la grêle et le feu éclatant à la fois sous ses pieds et sur sa tête, l'enveloppaient comme le Moïse de la Bible.

Il aurait voulu rester toujours ignoré dans ce coin de nature, mais Mme Aussandon ne le permit pas. Cette terrible petite femme était la fille d'un percepteur des environs, rose et dorée comme un plein-vent, avec des allures actives et proprettes de demoiselle de village, des yeux vifs, une bouche en avant aux lèvres relevées, aux dents saillantes et pointues d'un doguin bon enfant, mais ne lâchant pas le morceau. C'est elle qui menait son mari, l'excitait, le harcelait, ambitieuse pour lui, surtout pour leurs garçons nombreux comme les glands sur un chêne. Elle le fit nommer d'abord à Nîmes, puis à Montauban, puis à Paris où elle le conduisait enfin. Sa science, son éloquence, étaient bien à lui, mais Bonne, ainsi qu'il appelait sa femme quand il essayait de la retenir, Bonne le mit en lumière, fit malgré lui sa position et sa fortune.

Econome pour deux, — car Aussandon, au village, donnait tout, linge, vêtements, jusqu'au bois de son feu qu'il jetait aux pauvres par la fenêtre quand sa femme emportait la clef du bûcher, — elle éleva à la dure ses huit garçons, mais on ne vit jamais un trou à leurs souliers ni à leurs pantalons qu'elle raccommodait aux veillées, toujours une couture ou un tricot à la main, en parlant, en marchant, ou plus tard en wagon, en diligence, dans ses voyages pour aller voir son petit monde dispersé dans toutes les écoles où elle eut des bourses. Cette activité dont elle était possédée, elle l'exigeait des autres et ne laissa son mari tranquille que lorsque les huit garçons furent casés, mariés, les uns à Paris, les autres un peu partout en France ou à l'étranger. Et il en avait fallu pour cela, des enterrements et des mariages, des cérémonies mondaines et fatigantes, pour lesquelles on recherchait le pasteur Aussandon qui avait su se faire une place à part entre les Orthodoxes et les Libéraux, au-dessus des partis et des rivalités.

Le pauvre grand homme eut plus de gloire et d'occupations certes qu'il n'aurait voulu, regrettant sans cesse la largeur de temps et d'espace dont il disposait à Mondardier, et ses sermons sur la montagne. Enfin on le nomma à la Faculté de théologie, et sa femme lui permit alors de se contenter de son cours, de reprendre dans leur petite maison de la rue du Val-de-Grâce sa vie calme et contemplative du Mézenc. « En haut de la côte !... » C'est ainsi qu'il exprimait son bien-être présent gagné par tant de peines, de privations morales, et dont il jouissait en gourmet de la vie, malheureux seulement quand son cher tyran le quittait et courait les routes malgré son âge pour aller voir un des garçons.

Ni distances ni fatigues, rien ne la rebutait, la petite vieille. Tantôt Paul le major, aux grandes manœuvres, la voyait apparaître au milieu du camp, se débrouillant dans les numéros des bataillons, des compagnies, courant aux portes des tentes. Tantôt l'ingénieur de Commentry, à l'entrée des galeries noires, l'aidait à descendre du panier des mineurs. « Tiens ! voilà maman... »

En ce moment encore, la mère Aussandon était en voyage. Sans cela, jamais le doyen n'eût travaillé si tard à sa fenêtre ouverte. Il préparait sa leçon du lendemain, calme, recueilli ; et cette idée qu'il était seul engagea tout à coup Lorie à venir le trouver. Il n'eut que le jardin à traverser ; un coup léger à la porte, et le cabinet de travail s'ouvrait, confortable, tapissé de livres non reliés, un grand portrait de Mme Aussandon au-dessus du bureau, surveillant de ses yeux attentifs et de son sourire prêt aux gronderies le travail de l'excellent homme.

Tout de suite, sans trop de phrases, Lorie dit ce qui l'amenait. Il voulait se convertir, lui et ses enfants, à la religion reformée. Il y son-

geait depuis longtemps, et maintenant c'était
pressé, très pressé. Qu'y avait-il à faire?...
Aussandon sourit doucement, le calma du geste.
Pour les enfants, on n'avait qu'à les envoyer à
« l'école du dimanche. » Lorie, lui, devait connaître à fond ses nouvelles croyances, étudier,
comparer, s'habituer à juger et à voir de ses
yeux, puisque cette religion de vérité et de lumière le permettait, le commandait à tous ses
fidèles. Le doyen l'adresserait à un pasteur,
car lui-même était vieux, fatigué... On ne l'eût
pas dit à cette prestance fière, à cette parole
solide qui déconcertait le flottant et faible
Lorie... Oui, bien vieux, bien las, en haut de
la côte !...

Il y eut un silence et comme une gêne entre
eux. Lorie détournait les yeux, un peu troublé
de sa démarche. Le doyen, devant son bureau,
regardait sa page blanche qui l'excitait à penser.

« C'est pour Eline, n'est-ce-pas ? dit-il au
bout d'un instant.

— Oui.

— Elle exige cela de vous ?

— Elle, ou du moins ceux qui la font agir.

— Je sais... je sais... »

Il savait. Il avait vu la voiture de Mme Autheman s'arrêter souvent devant la porte ; il connaissait la femme, et les menées dont elle était
capable. Si Bonne ne le lui avait pas défendu,
il eût depuis longtemps prévenu la mère. En-

core à présent, pénétrant jusqu'au fond du drame que Lorie ne faisait qu'entrevoir, il aurait eu bien envie de parler. « Oh ! oui, je la connais, cette Jeanne Autheman. C'est la femme qui brise et qui detache, l'être sans cœur et sans pitié. Partout où elle passe, les larmes, la désunion, la solitude. Avertissez la mère, car ce n'est pas de vous seulement qu'il s'agit. Qu'elle emmène Lina, bien vite, bien loin. Qu'elle l'arrache à cette morte vivante, à cette mangeuse d'âmes, froide comme la goule des cimetières... Peut-être en est-il encore temps... »

Aussandon pensait tout cela, mais il n'osait le dire, a cause de la petite vieille qui était la devant lui, droite dans son cadre, le tenant en arrêt avec son regard prudent de paysanne et sa mâchoire de petit doguin, prête a lui sauter dessus s'il avait parle.

X

LA RETRAITE

PONCTUEL et grave comme toutes les occupations du château, le dejeuner de Port-Sauveur réunit, chaque matin à onze heures, en l'absence du banquier, le haut personnel de la maison religieuse autour de Jeanne Autheman. Des places immuables : La présidente au bout de la longue table, Anne de Beuil à sa droite, a gauche J.-B. Crouzat, l'instituteur, aux joues caves, a la barbe courte et dure de parpaillot, aux yeux ardents, d'un bleu globuleux et fanatique, sous un front pointu.

Charentais, du pays d'Anne de Beuil, il se destinait au pastorat et suivait les cours d'Aussandon, quand des amis le menèrent a un des prêches de l'Evangeliste. Il sortit de la dans cet etat d'émotion exaltée que certains predicateurs drapés de bure blanche causent aux devotes mondaines; mais chez lui, l'impression fut plus durable, et depuis cinq ans, il avait quitté famille, amis, sacrifié son avenir pour cette modeste place d'instituteur primaire qui le rapprochait de Jeanne. Dans le pays, il passait pour son amant ; car ces grossiers paysans n'auraient pu s'expliquer sans cela cette ferveur du disciple enchaîné aux lèvres de l'apôtre. Mais l'Évangeliste n'a jamais eu d'amant ; et les seuls mots passionnés sortis de cette bouche serree, au pur dessin, sont restés suspendus, cristallisés, aux aiguilles de la Mer de glace.

En face du Charentais, la directrice de l'école des filles, Mlle Hammer, personne dolente, aux regards toujours baissés, ne parlant pas, et à tout ce qu'on lui dit répondant par un oui plaintif, d'approbation douloureuse, qu'elle prononce : *moui...* Il y a quelque chose d'écrase, sur tout ce pauvre être, depuis ses épaules infléchies, jusqu'à son nez trop petit dans sa face blanche, qu'on dirait aplatie par la chute originelle. Et le sentiment de la première faute est si profond en elle, il l'anéantit tellement, que c'est à peine si elle ose, timide et nouee d'esprit, incapable de toute propagande extérieure, faire la classe aux petits enfants.

Au bout de la table, à la place réservée au pasteur Birk le dimanche, se tient en semaine l'elève des écoles, garçon ou fille, qui a mérité les meilleures notes dans la récitation des Saintes Écritures. A Port-Sauveur, l'éducation est exclusivement religieuse, réduite aux versets de la Bible d'où sont tires toutes les leçons, les exemples de ronde et de courante, jusqu'aux abécedaires à images. Si grande est la foi de Jeanne Autheman dans l'Évangile, qu'elle pense que, même incompris, il agit sur les néophytes à la façon des transcriptions du Coran dont les Arabes se bandent le front, lorsqu'ils sont malades. Et c'est pitié de voir le plus admirable des livres ânonné, bégaye, bâillé par ces voix de petits paysans, chaud et souillé par la crasse de leurs mains et les larmes de leur paresse.

Le jeune Nicolas, l'ancien pensionnaire de la Petite-Roquette, est le produit perfectionné de ce mode d'education ; aussi occupe-t-il presque toujours le bout d'honneur vis-à-vis de la présidente. Celui-là sait l'Écriture par cœur, tous les Évangiles, selon Luc, Jean, Marc, Mathieu, le deutéronome, les psaumes, les epîtres de Paul ; et a tout propos, sans qu'on l'interroge, il fait tout haut une citation inconsciente, inarticulée, qui semble sortir du cornet d'un phonographe. Autour de lui, on se tait et on admire : C'est Dieu qui parle par la bouche de cet adolescent. Et quelle bouche ! Quand on pense à tout ce qu'elle charriait d'impiétés et d'abominations, il y a trois ans, sur le préau des jeunes detenus. N'est-ce pas miraculeux, et le plus eclatant temoignage en faveur des écoles Évangéliques ? D'autant qu'il reste encore sur Nicolas quelques souillures de l'ancien péché, mensonge, gourmandise, prévarication ; et que l'on a souvent l'edifiant spectacle des combats que se livrent le bon et le mauvais esprit dans cette conscience mal blanchie, dans cette parole où l'Ecclésiaste corrige à grand'peine l'argot des prisons.

C'est à côté de ce phénomène qu'Eline Ebsen prend place, les jours où elle déjeune au château. Sa situation est connue de tous et le mariage impie qu'elle va faire. On sait que la cure d'âme est commencee, mais que le mal résiste à tous les efforts. Et il faut la douceur de Mme Autheman, sa patience inaltérable pour continuer le traitement devant un tel mauvais vouloir. Anne de Beuil aurait depuis longtemps chassé du temple à coups de fouet de meute cette créature destinée à l'enfer. « Tu veux brûler, Satan, eh bien ! brûle... » Et c'est aussi l'avis de J.-B. Crouzat.

Eline sent l'hostilite qui l'entoure. Personne ne lui parle, ne daigne s'occuper d'elle autrement que par des regards de colère ou de mépris. Même sous la face muette du sacristain qui sert à table, elle courbe le front, intimidée, comprenant au fond du cœur son infériorité parmi tant de saints personnages.

Et cependant il y a pour elle dans l'oppression de ces longs déjeuners de Port-Sauveur, aux plats de couvent, viande bouillie, légumes à l'eau, pruneaux cuits, dans la solennité de c.te immense table aux couverts espacés, quelque chose de grave et de sacré qui l'emeut religieusement, comme si elle assistait, elle indigne, à la propre cène du Sauveur. Elle aime cette conversation dont on la tient à l'écart, ce dictionnaire mystique qui secoue de très haut des mots à emblème comme *vigne, tente, troupeau,* ou des abstractions, *épreuves, expiation,* et le *vent du désert,* et le *souffle de l'Esprit.* Elle s'intéresse a une foule de choses qu'elle ne connaît pas, que l'on commente devant elle sans l'y mêler, l'OEUVRE, les OUVRIÈRES, cette mystérieuse RETRAITE où elle n'a jamais pénétré, puis la chronique dévote du pays, l'état moral de telle ou telle famille.

« Je suis contente de Gelinot... La grâce opère... » dit Anne de Beuil qui a ses yeux de policière à tous les recoins du village et dans un rayon de dix lieues... Ou bien : « Baraquin se gâte... voilà qu'il recommence à ne pas venir au culte... » Là-dessus une charge à fond contre les mauvais chrétiens, renégats, apostats barbotant comme des porcs à même la fange de leur péché. Éline sait bien que c'est pour elle, cette comparaison délicate, quoiqu'il soit difficile d'établir une analogie entre l'animal biblique et ce doux profil envahi de honte, dont l'oreille rougit au vif dans la masse blonde des cheveux.

« Anne, Anne, ne désespérons pas le pécheur... » Et d'un geste, Mme Autheman apaise la sectaire avec la douceur infinie de Jésus reprenant Simon le pharisien. Puis, toujours calme, mangeant et buvant à coups mesurés, elle parle longtemps et d'abondance, de cette voix persuadante, qui fait haleter J.-B. Crouzat d'admiration, et berce la pauvre Éline, l'emporte dans un rêve mystique, une gloire d'or où elle voudrait disparaître et s'anéantir comme un éphémère dans du soleil.

Mais pourquoi cette jeune fille d'apparence si maniable, nature molle, sensible, qui s'émeut et pleure quand on lui montre l'énormité du péché, est-elle si longtemps rebelle aux décisions positives? Voilà près d'un mois déjà qu'elle vient à Port-Sauveur, et la présidente s'étonne de n'avoir rien obtenu encore. Anne de Beuil aurait-elle raison? Le malin triompherait-il de cette âme si précieuse à l'Œuvre sous tant de rapports? Mme Autheman commence à le craindre ; et ce matin, lorsqu'en entrant dans la salle, à onze heures précises,

elle ne voit pas Eline, humble et debout, attendant à sa place comme toujours, elle se dit :
« C'est fini... elle ne viendra plus... » Mais la porte s'ouvre, la jeune fille paraît, tout animée, et malgré son retard, l'œil assuré sous ses paupières grosses de larmes. Il y a eu un embarras sur la voie, un arrêt d'un quart d'heure à Choisy. Elle explique cela tranquillement, s'assied, réclame du pain au bedeau, sans vergogne. On cause; elle se mêle à ce qui se dit, aisée, naturelle, parle *tente, vigne, troupeau* comme une adepte, et ne se trouble qu'en entendant Anne de Beuil demander de son air de dogue :

« Qu'est-ce que c'est donc que ces gens de l'écluse ?... La femme est arrivée hier par la voiture... Une grande effrontée qui vous regarde dans les yeux... Elle avait une fillette par la main, la sœur du petit Maurice, paraît-il... Encore du fretin pour le curé ! »

Eline a pâli, un flot de larmes lui monte. Fanny, son enfant, là, tout près !... Sous ses paupières baissées, elle voit la tête mignonne et chétive, les cheveux plats, noués d'un ruban, si légers, si doux... Ah! chérie... Et tout à coup, à côté d'elle, une voix de forçat râle dans le silence de la table effarée :

« Le gosse de l'écluse ?... Oh! mince... J'y ai foutu une vraie chasse ce matin à ce carcan-là... »

C'est le souffle du mal qui s'échappe par la

bouche du jeune Nicolas. Le malheureux semble épouvanté lui-même de ce qu'il vient de dire, et sur sa face gonflée, convulsée, violette, comme s'il avait avalé de travers, on suit avec anxiété l'horrible lutte visible du bon et du mauvais esprit. Enfin le jeune drôle se débarrasse en buvant un grand coup, et d'une longue aspiration soulagée, il attaque un verset de l'Ecclésiaste : « *Mon âme est rassasiée comme de moelle et de graisse, et ma bouche te loue avec un chant de reconnaissance...* »

Alleluia! Le démon est encore une fois terrassé. Un soupir satisfait le constate autour de la table ; et dans le fracas du train de midi qui passe, chacun se lève et plie sa serviette en glorifiant l'Éternel.

« Vrai?... c'est vrai?... Ah! chère enfant, que je t'embrasse pour cette bonne nouvelle... »

C'est la froide Jeanne Autheman qui serre Eline avec transport, et l'entraîne : « ... Viens vite me raconter ça... » A la porte du petit salon, elle se ravise : « non... a la Retraite... nous serons mieux... »

A la Retraite!... Quel honneur pour Lina!...

Sur le perron plein de soleil, où les pèlerines font des ombres dures, Anne de Beuil arrête sa maîtresse au passage :

« Baraquin est là.

— Parle-lui... Je n'ai pas le temps... » puis tout bas avec un petit rire muet : « Elle est

sauvée... » et Mme Autheman s'éloigne au bras
d'Éline pendant que son acolyte questionne le
vieux marinier qui s'est levé du banc où il attendait, son bonnet d'une main, grattant de
l'autre son crâne dur, humide et rond comme
une pierre du bord de l'eau.

« Baraquin, pourquoi ne venez-vous plus aux
assemblées?...

— J'vas vous dire... »

Il suit d'un œil de regret la jupe noire disparue à un tournant d'allée, sachant qu'il aurait plus facilement raison de l'Évangéliste que
de ce vieux loup en bonnet de linge.

... Ben sûr qu'elle en vaut une autre, la religion de Mme Autheman et qu'y a pas un curé
pour dire sa messe aussi *dret* qu'elle... Mais
quèque vous voulez? Ça fait au vieux des raisons avec ses enfants qui sont d'un *endrouet* pus
loin, qu'y a pas de culte... Y le tirent vers *leuz*
église, dam! et faut ben dire que l'aut'dimanche en entrant vers le bon Dieu de Juvisy, les
cierges, les dorures, la belle Sainte Vierge, tout
ça y a remué un tas de *gringuenotes* dans l'estomac, à c'pauvre père!...

Ce n'est pas la première fois qu'il joue cette
comédie, le vieux Baraquin, pour décrocher
quarante francs et une redingote neuve. Anne
de Beuil résiste, et rien n'est plus drôle que de
les voir finasser tous deux, paysan contre paysanne, discuter comme au marché de Sceaux

cette vieille âme racornie, qui ne vaut certes
pas l'argent. Mais quel triomphe pour le curé
si Baraquin retournait à son ancienne église !
Pourtant elle le laisse partir, le dos en deux,
geignant, tordu, marchant de travers ; une
fausse sortie de marchandage. Au milieu du
perron, Anne de Beuil le rappelle :

« Baraquin.

— Plaît-y ? »

Et elle monte avant lui les trois marches qui
mènent au petit salon vert. En passant devant
le jeune Nicolas, témoin muet de cette scène,
le paysan cligne de l'œil, et l'autre, les yeux
blancs, la tête sur l'épaule, béat, lâche un verset de circonstance : « *J'ai ôté de dessus toi ton
péché et je t'ai vêtu d'habits neufs.* » Puis, reste
seul, il détend son masque hypocrite, et se ca-
rapate en sifflant, les mains dans les poches,
par la haute passerelle de la voie, où se déta-
che un moment sa grêle et vicieuse silhouette
de voyou.

Depuis un mois qu'elle venait à Port-Sauveur, Éline ne connaissait de la propriété que
le parterre, en corbeilles fleuries, l'escalier de
Gabrielle et la charmille faisant une longue
trouée lumineuse vers les constructions blanches
du temple et des écoles. C'est dans la charmille
que Mme Autheman, tous ces derniers jours,
l'emmenait pour la catéchiser et lui montrer

les conséquences de ce mariage impie. « Dieu
te frappera dans ta mère, dans tes enfants...
Ton visage sera comme celui de Job couvert
de la boue des larmes. »

La pauvre petite se débattait, invoquait la
parole donnée, la pitié des enfants sans mère,
et rentrait chez elle, brisée, indécise, pour reprendre deux jours après la lugubre promenade
sous la charmille odorante et chantante, où le
soleil se tamisait en ramages lumineux que les
robes noires semblaient ramasser en marchant,
pendant que l'Évangéliste parlait de mort, d'expiation céleste et que Lina par ses veines ouvertes et déchirées sentait s'échapper d'elle
toute volonté, toute croyance au bonheur.

Cette fois M⁽ᵐᵉ⁾ Autheman dépassa son pro-
menoir habituel, traversa tout le parc aux taillis
droits en quinconce, aux allées ratissées et soi-
gnées, élargies par la pompe du jardin français
dont l'arbre curieusement élagué aligne des
portiques, des péristyles avec les buis en bou-
les, les ifs en vases montés, et s'efforce d'imiter
le marbre en s'enroulant comme lui de lierre
et d'acanthe. Jeanne se taisait, appuyée au
bras de la néophyte tout émue de ce silence
initiateur que troublait seul le frou de leurs
jupes ou le craquement des branchettes que
la Lyonnaise émondait au passage dans son
instinct de régularité.

Une grille les arrêta, dont Jeanne Autheman

fit grincer les ferrures rouillées; et l'aspect de
la propriété changea, redevenue champêtre et
libre, montrant des allées mangées d'herbes,
des bouquets de bouleaux frémissant au coin
de prairies roses de bruyères, de haies vives,
grouillantes d'oiseaux, et des hêtres, des chênes
au pied mousseux sentant la vieille plantation
forestière. Au milieu d'une clairière, un chalet
en sapin, le vrai chalet suisse, avec son escalier extérieur, ses petites vitres à châssis, sa
vérandah découpée sous la longue pente du
toit, consolidé par de grosses pierres contre les
orages de montagne.

La Retraite!

Aux premiers temps de son mariage, Jeanne
s'était fait, dans le second parc, loin des affineries et de la maison reprouvée, ce refuge
pieux, souvenir de Grindelwald et de ses premiers entretiens avec l'Inaccessible. L'OEuvre
constituée, elle abrita la ses *ouvrières*, les élues
destinées à répandre l'Évangile et dont elle
exigeait un stage de quelques mois, sous ses
yeux. En bas, dans la *salle de prières*, écrasée et
triste comme l'entrepont d'un de ces bateaux-
missions qui portent l'Écriture aux baleiniers
anglais des mers du Nord, elles s'exerçaient à
prêcher; Mme Autheman ou J.-B. Crouzat leur
donnait quelques leçons de théologie, de musique vocale. Le reste du temps se passait en
méditations dans les chambres, jusqu'au jour

où, jugées dignes, Jeanne les baisait au front et les envoyait avec la parole de la Bible : *Mon enfant, va, et travaille dans ma vigne.*

Et elles allaient, les malheureuses, tombaient dans quelque grand centre manufacturier, Lyon, Lille, Roubaix, là ou le péché fait le plus de ravages, où les âmes sont plus noires que la peau des sauvages africains, noires comme les ruelles étroites, le sol charbonneux et les outils de travail. Elles s'installaient en plein faubourg et commençaient l'œuvre de grâce, le jour instruisant les enfants selon l'excellente méthode de P. S., et le soir prêchant la bonne nouvelle. Mais la vigne était dure et rocailleuse, et la vendange n'abondait pas. Presque partout elles parlaient dans le froid des salles vides ou devaient supporter la raillerie des ouvriers, grossière jusqu'à l'outrage, s'aggravant encore des taquineries de l'administration dont l'influence des Autheman, à cette distance de Paris, ne les défendait pas toujours.

Sans se décourager, elles jetaient la parole divine au hasard du mauvais terrain, pleines de confiance, car il est écrit que dans l'âme la moins préparée, un peu de foi, *pas plus gros qu'un grain de moutarde,* peut fructifier et grandir. Convaincues, elles devaient l'être, pour accepter moyennant cent francs par mois cette existence solitaire, abandonnée, que leur faisait M*me* Autheman, brisant tout lien affectueux

autour d'elles du même geste indifférent dont
elle émondait au passage la pousse importune
de ses tailles. C'etait le renoncement du cloître
sans les grilles, mais avec les mêmes exigences,
les departs sur un ordre, les changements de
residence, et ce retour de chaque annee à la
Retraite pour se retremper en Jesus.

Quelquefois l'*ouvriere* rencontrait sur sa route
un brave homme et quittait la prédication pour
le mariage. Une, une seule, s'etait sauvee avec
l'argent destine à son entretien, au loyer, au
rachat des âmes. Mais en général, elles s'atta-
chaient à la cause, detournant toute leur vita-
lité vers un but unique, mystiques jusqu'à l'extase, jusqu'à cette folie prédicante et propagante
qu'on rencontre souvent chez les femmes de la
religion reformee et qui s'étend parfois en épi-
démie sur tout un peuple, comme en Suède,
il y a trente ans, quand les places publiques,
les routes de campagne etaient pleines de
visionnaires et de prophetesses.

Parmi les *ouvrieres* de Mme Autheman, les jolies filles comme Eline Ebsen etaient rares.
Presque toutes vieilles, maladives, contrefaites,
rebut du célibat, epaves du flot de misère,
heureuses de venir echouer la et d'apporter au
Dieu de l'Évangéliste ce dont l'homme n'avait
pas voulu. C'etait en somme la seule utilite de
cette *autre* si peu française qui aurait facilement
prêté aux rires, sans les dechirements et les

larmes qu'elle occasionnait trop souvent. Il ne riait pas, je vous jure, le gardien Watson, tout seul dans son phare, songeant : « Où est-elle ?... Que deviennent les petits ? » Elle ne riait pas non plus, l'hôtesse de l'*Affameur,* sous son deuil à vie, sanglotant devant son fourneau, au milieu des gaietés de la guinguette, le mari fou, la fille morte.

Pauvre petite Damour, si jolie, si sage ! Mme Autheman l'avait prise à ses écoles, puis enfermée à la Retraite, du consentement de sa mère qui ne savait pas bien de quoi il s'agissait. Les sermons, la musique et la mort, toujours la mort, en espoir, en menace, accablèrent bientôt d'une tristesse atrophiante cette nature de plein air encore à un âge de croissance. L'enfant disait « Je m'ennuie... Je veux m'en aller chez nous... » Anne de Beuil la grondait, la terrorisait, l'empêchait de sortir.

Et tout à coup la néophyte tomba dans une faiblesse singulière, coupée de crises nerveuses, de visions lui revelant les mystères du ciel et de l'enfer, le supplice des damnés, la joie des élus à la table divine, tour à tour l'inondant de délices extatiques ou faisant claquer ses dents de terreur. La paysanne prêchait, prophétisait, dressait sur le lit son corps maigre, convulsé de désordres intérieurs, avec des cris qui remplissaient tout le parc. « J'entendions ses *plaints* du dehors... » disait la malheureuse mère, qu'on tenait à distance, sous prétexte d'émotion dangereuse pour la malade. Elle entra, quand sa fille ne pouvait reconnaître personne. L'agonie commençait, muette, tétanique, aux dents serrées, avec une dilatation extraordinaire des pupilles, qui subitement éclaira le médecin sur la cause de cet étrange décès. Elle avait dû cueillir dans le parc des baies de belladone, les manger par mégarde pour des cerises.

« Avec ça que mon enfant ne connaissait pas les *griotes*... » criait la mère exaspérée, et malgré l'opinion du médecin, malgré le rapport du procureur de Corbeil, un chef-d'œuvre d'ironie judiciaire et de joli persiflage, elle demeura convaincue qu'on avait médicamenté et tué sa petite en voulant lui tourner la tête aux extases. Ce fut l'opinion générale dans le pays ; et il en restait un mauvais renom sur ce chalet de mystère dont, l'hiver, les bois découpés se voyaient de loin entre les arbres.

Au milieu de sa pelouse rose, allumée et vibrante, dans le silence et la splendeur de cette après-midi d'été, la Retraite, ce jour-là, n'avait rien de sinistre et fit à Eline une mystique impression de bien-être, pouvant se définir en trois mots : douceur, repos, lumière. Oh ! surtout douceur... Des voix mourantes de femmes sur le ton implorant d'une prière récitée, des bouffées d'orgues mêlées aux stridences des sauterelles dans l'herbe, au vol des moucherons tournoyant très haut vers le bleu comme par les très beaux jours... Devant la porte, une petite bossue balayant sans bruit les marches d'entrée.

« C'est Chalmette... » dit Jeanne tout bas en faisant signe à l'*ouvrière* de venir lui parler.

Chalmette arrivait du Creusot après mille avanies. Le soir, les mineurs venaient par bande à son prêche, apportant des harengs et des litres, la tutoyant, couvrant sa voix des couplets de la *Marseillaise*. Les femmes surtout s'acharnaient contre elle, l'injuriaient dans les rues, lui jetaient du charbon, des escarbilles, sans pitié pour sa tournure d'avorton. N'importe, elle était prête à recommencer.

« Quand on voudra... quand on voudra... » disait-elle avec douceur ; mais sur sa fine tête au menton pointu, dans les longues mains d'estropiée sortant de sa pèlerine et soutenant le balai plus grand qu'elle, se crispait une volonté extraordinaire.

« Elles sont toutes comme cela ! » dit Mme Autheman montant l'escalier extérieur du chalet et faisant asseoir Eline à côté d'elle sous la verandah formée par l'avance du toit... « Toutes ! mais je n'en ai que vingt ; et il m'en faudrait des milliers pour sauver le monde... » S'animant à cette idée de rachat universel, elle expliquait le but, la pensée de l'*OEuvre*, sa volonté de l'élargir. On s'en tenait encore à la France ; mais on tenterait le dehors, l'Allemagne, la Suisse, l'Angleterre où les esprits sont mieux disposés aux religions libérales. Watson était partie, d'autres suivraient encore...

Elle s'arrêta, craignant d'en avoir trop dit ; mais Eline ne l'écoutait pas. Comme il arrive aux heures décisives, elle était tout en elle-même, recueillie dans une ivresse ineffable et fière qui la berçait, l'emportait. Devant la vérandah, au faîte d'un saule, un oiseau chantait, balancé au bout d'une branche qui pliait sous son poids léger. C'était son âme, cet oiseau...

« Alors, c'est fini ?... Tout à fait fini ?... »

Mᵐᵉ Autheman lui avait pris les mains et l'interrogeait.

« ... Comme nous en étions convenues, n'est-ce pas ?... la communion de l'enfant. Bien... très bien. Évidemment le père ne pouvait pas consentir... Les lettres laissées sans réponse, plus de leçons à Fanny !... bien, parfaitement... »

Mais pendant qu'Eline racontait sa résistance aux pièges du démon, aux appels de la petite fille, à ses mains désespérément tendues, des larmes lui montaient aux yeux comme ce matin à déjeuner.

« Je l'aimais tant, si vous saviez ! C'était

comme une enfant pour moi... Le sacrifice a
été dur...

— Que parlez-vous de sacrifices ?... Christ
en exigera d'autres de vous, et de plus terribles. »

Eline Ebsen courba la tête, toute frissonnante sous cette voix féroce, mais n'osant demander ce que Christ pourrait bien encore exiger d'elle.

X

UN DÉTOURNEMENT

Le train!... J'arrive à temps... » fit Mme Ebsen tout essoufflée, chargée de parapluies, d'une paire de socques dans un journal, et s'arrêtant aux barrières de l'arrivée au moment où le train de six heures entrait en gare.

Elle était à la maison, bien tranquille, préparant leur couvert pour dîner, quand un orage subit, le dernier orage de l'été, éclatait en trombes ruisselantes ; et l'idée de sa fille partie le matin pour Port-Sauveur en robe légère et souliers fins, comme toutes les pari-

siennes, ce jour-là, la précipitait dehors, la
jetait toute haletante dans un omnibus vers la
gare d'Orléans. Maintenant elle attendait,
appuyée à la claire-voie, cherchant à distinguer
le chapeau d'Eline, un bout de ses tresses, dans
cette foule de gens pressés, effarés, portant des
paniers, des bouquets, égouttant encore leurs
parapluies ou des vêtements flasques et trempés
par l'averse, se bousculant à qui arriverait le
premier aux voitures, avec des cris étranglés :
« prenez le chien... portez l'enfant... »

Mais elle avait beau se pencher vers la porte,
se hausser, regarder par-dessus la grille ou le
bras d'un douanier jusque sur le quai où s'alignaient les wagons luisants et vides, le chapeau
noir d'Eline demeurait invisible. D'abord la
mère ne s'effraya pas, expliquant le retard avec
ce déluge imprévu. Bien sûr sa fille arriverait
par le train suivant; un peu tard seulement,
car d'ici huit heures il n'y avait plus que l'express, qui ne s'arrêtait pas à Ablon. Elle prit
gaiement son parti, se mit à marcher dans la
longueur de la salle déserte, où le gaz qu'on
venait d'allumer secouait sa flamme au vent
humide et se reflétait sur les pavés inondés de
la cour. Un moment le sifflet de l'express agita
la gare d'un piétinement, d'un bruit de voix et
de brouettes roulantes ; puis elle n'entendait
plus que l'écho de sa lente promenade, le ruissellement de l'interminable pluie, ou dans les

cages vitrées le froissement d'un lourd feuillet retourné, un nez invisible qui se mouchait bruyamment.

Mme Ebsen s'ennuyait d'attendre ainsi, l'estomac creux, les pieds froids, et pour se consoler de sa longue faction, songeait que tout à l'heure, dans leur petit nid capitonné, elles s'installeraient toutes deux vis-à-vis l'une de l'autre devant une bonne « soupe de bière » toute chaude... Huit heures !... Voici les coups de sifflets et les rebondissements de l'entrée en gare. Les portes s'ouvrent et toujours pas d'Eline... Décidément on l'avait retenue au château : la mère allait trouver une dépêche en rentrant. C'est égal, après tout ce que Mme Autheman savait de leur vie si serrée et si tendre, ce n'était pas *chandi;* Eline non plus n'aurait pas dû ceder. La pauvre femme grondait toute seule, revenant sous la pluie et barbotant dans les flaques d'eau, par ces longues avenues qui alignent de la gare au Val-de-Grâce de grandes constructions inhabitées, des cinq étages de plâtre neuf avec des trous noirs pour fenêtres.

« Vous avez une dépêche pour moi, mère Blot ?...

— Non, madame... y a que le journal... Mais comment ça se fait que vous voilà toute seule ? »

Elle n'eut pas la force de répondre, envahie

des mille terreurs qui battaient son front à la fois. Eline était donc malade? Mais on l'eût prévenue, alors, si ce château avait pour habitants des êtres humains... Partir, courir les routes, la nuit, d'un temps pareil?... Il valait encore mieux attendre au lendemain matin... Quelle triste soirée, qui lui rappelait le retour de l'enterrement de grand'mère, la même sensation de vide et d'adieu, avec cette différence qu'Eline manquait et que Mme Ebsen était seule, décidément seule à porter son chagrin et les ressassements de son inquiétude.

Pas de lumière chez les Lorie... Depuis qu'il avait envoyé Sylvanire et les enfants à l'écluse, le pauvre homme ne rentrait plus que fort tard, car il évitait un voisinage devenu douloureux par le parti pris de la jeune fille de ne plus répondre à aucune de ses lettres, même a celle où il se soumettait et acceptait ses conditions orthodoxes, pour lui comme pour les siens. Et tout à coup Mme Ebsen, qui ne descendait plus chez Lorie depuis deux mois, sentait, dans sa détresse, le remords d'avoir si facilement abandonné ce brave garçon à la dureté capricieuse d'Eline. Il n'est tel que de souffrir pour comprendre tous les tressaillements, même inavoués, de la souffrance.

Elle ne se coucha pas et garda sa lampe allumée, comptant les heures, épiant les bruits et l'approche des rares voitures, avec les espoirs fous de l'attente, ses superstitions fiévreuses. « La troisième qui passera va s'arrêter à la porte... » Mais celle-là filait, et d'autres jusqu'aux roues bruyantes des laitiers au petit jour. Alors, avec la réaction ordinaire aux mauvaises nuits, elle se renversait dans son fauteuil, du sommeil qui suit une veillée de mort, la bouche ouverte, les traits bouffis, vraie syncope d'ivresse d'où la tirèrent de violents coups de sonnette et les appels énergiques de la mère Blot :

« Mame Ebsen... Mame Ebsen... Ça vient d'arriver ; je crois bien que c'est de votre demoiselle... »

Dans le jour blanc qui inondait le petit salon, elle courut ramasser l'enveloppe passée sous la porte... Eline écrivait, elle n'était pas malade. Qu'y avait-il donc ?... Ceci :

« *Ma chère mère, dans la crainte de t'affliger, j'ai reculé jusqu'ici devant une résolution depuis longtemps prise dans mon cœur. Mais l'heure a sonné. Dieu m'appelle, je vais à lui. Je serai loin, quand cette lettre te parviendra. Si notre séparation sera longue, ce que dureront ces jours d'épreuve, je l'ignore ; mais j'aurai soin de te donner de mes nouvelles et te fournirai l'occasion de m'envoyer des tiennes. Sois sûre que je ne t'oublierai pas et que je prierai le Sauveur miséricordieux pour qu'il te bénisse* et te donne sa paix selon les promesses de son amour.

« *Ta fille toute dévouée.*

« ELINE EBSEN. »

D'abord elle ne comprit pas, et relut lentement, tout haut, phrase à phrase, jusqu'a la signature... Eline... c'était Eline qui avait écrit ça, son enfant, sa petite Lina... Allons donc?... Pourtant, l'écriture, quoique un peu tremblée, ressemblait bien a l'ecriture de sa fille... Oui, ces folles de la-bas qui lui avaient tenu la main et dicté ces phrases monstrueuses dont elle ne pensait pas un mot... D'où venait-elle, cette lettre? Le timbre de Petit-Port, parbleu ! Eline était encore la, et sa mère n'aurait qu'a accourir pour changer cette horrible résolution... C'est égal, en voila une méchanceté de vouloir lui enlever son enfant, sa Linette *atorce*... Elle en faisait donc un commerce, cette Mme Autheman, de déchirer les cœurs... On allait bien voir ça, par exemple !

Toutes ces idees jaillies à haute voix, ou traduites seulement d'un geste de colère, lui venaient en faisant ses apprêts de départ, recoiffée en hâte, la figure à peine rafraîchie des larmes de sa veille. Son billet pris, assise dans le wagon, elle se calma un peu et considéra de sang-froid l'enveloppement traitre et progressif autour de sa fille, depuis la première visite d'Anne de Beuil, dont elle se rappelait les investigations curieuses sur le monde qu'elles connaissaient à Paris, — pour s'assurer sans doute que l'on pouvait manœuvrer impunément, — jusqu'à la réunion des Ternes, sa fille sur l'estrade à côté de cette folle… Oh! l'horreur… jusqu'au mot de Mme Autheman, venant chercher Eline pour ses écoles : « Vous aimez beaucoup votre enfant, madame?… » et l'intonation perfide et froide de cette jolie bouche aux lignes serrées.

Mais comment n'avait-elle pas vu cela plus tôt? Quel aveuglement, quelle faiblesse !… Car c'était elle la cause de tout. Ces traductions, ces insanités religieuses dont on avait lentement intoxiqué sa fille, Eline n'y tenait pas plus qu'elle ne désirait assister à cette réunion de prières. C'est la mère qui l'avait voulu, par intérêt, par vanité, pour se lier avec les Autheman, des gens si riches. Ah! bête, bête… Elle se maudissait, s'interpellait des mots les plus durs.

Ablon !

Elle descendit sans reconnaître la gare, sans se rappeler la jolie partie qu'ils avaient tous faite là au printemps. Tellement les endroits se transforment à nos impressions personnelles, tant il y a de nos yeux dans les paysages ou les gens que nous regardons! Il lui vint seulement a l'idée qu'Eline se rendait à Port-Sauveur en omnibus. Elle s'informa... Il n'y avait pas d'omnibus pour ce train-là ; mais on lui indiqua un chemin de traverse qui la conduirait droit sur le château, l'affaire d'une demi-heure.

Il faisait un temps doux, tout blanc, ouaté d'une brume qui montait des terrains détrempés par le déluge de la nuit, et qui attendait midi pour se résoudre en pluie ou s'évaporer sous le soleil. Longeant d'abord des murs de propriété, ouverts de loin en loin de hautes grilles qui laissaient voir des pelouses vertes, des corbeilles fleuries, des orangers alignés devant les perrons, tout un été surpris et grelottant dans le brouillard comme les robes claires des Parisiennes de la veille, Mme Ebsen se trouva subitement en pleine campagne : des pentes de vignes et de betteraves, des volées de corbeaux sur de grands espaces labourés, des champs de pommes de terre où des sacs alignés et tassés, des silhouettes d'hommes et de femmes, faisaient les mêmes taches grises et lourdes dans ces vapeurs blanches, étoupées au ras du sol.

La mère se sentait atteinte par cette tristesse des choses comme d'une oppression physique, qui augmentait à mesure qu'elle approchait de Port-Sauveur, dont elle apercevait les toitures rouges et les grands ombrages à mi-côte. Après

avoir côtoyé l'interminable clôture d'un parc
debordé de lierre, de vigne vierge empourprée,
elle traversa la voie ferrée sur un passage à
niveau et se trouva au bord de la Seine, devant
le château. La demi-lune gazonnée avec ses
chaînes de fer en face de l'entrée, la longue
maison et cette grille monumentale, masquée
de persiennes aux lamelles serrées, entre lesquelles elle essayait de voir autre chose que
des cimes d'arbres... C'etait bien là.

Elle sonna faiblement, puis une fois encore,
et pendant le temps assez long qu'on mit à lui
ouvrir, prépara sa phrase d'entrée, courte et
polie. Mais la porte ouverte, elle oublia tout et
se rua, haletante :

« Ma fille !... où est-elle ?... Tout de suite...
Je veux la voir... »

Le valet de chambre, en tablier de service,
avec le P. S. argenté sur le col de drap noir,
répondit selon la consigne, que Mlle Eline avait
quitte le château depuis la veille; et sur un
geste de denégation furieuse : « Du reste,
madame est là... Si madame veut lui parler... »
Derrière lui, elle traversa des allées, un perron,
monta des marches, sans rien voir, et se trouva
dans un petit salon vert où Mme Autheman
ecrivait, la taille droite, à son bureau. Cette
figure connue, ce sourire imposant et doux,
detendirent sa colère.

« Oh ! madame, madame... Lina... Cette

lettre... Qu'est-ce que ça veut dire, tout ça ?... »

Et elle partit en sanglots convulsifs, secouant et affaissant sa grosse personne lamentable. Mme Autheman crut qu'elle aurait facilement raison de cette faiblesse en larmes, et doucement, avec onction, assise sur le même divan : voyons, il ne fallait pas se désoler ainsi, mais se rejouir au contraire et glorifier le Seigneur, qui daignait éclairer son enfant, retirer son âme du noir sepulcre... Ce pansement mystique sur le cœur à vif et plus humain que jamais produisit l'effet d'une brûlure... La mère se degagea, se leva, les yeux secs :

« Des phrases, tout ça... Mon enfant !... Je la veux...

— Eline n'est plus ici... » fit Mme Autheman avec un soupir attristé devant cette révolte sacrilège.

« Alors, dites-moi où elle est... Je veux savoir où est ma fille... »

Sans s'émouvoir, habituee qu'elle était à ce genre d'explication, la présidente répondit qu'Eline Ebsen avait quitté la France, avec l'intention de répandre l'Évangile. Peut-être en Angleterre, peut-être en Suisse, on ne savait au juste. En tout cas elle donnerait des nouvelles à sa mère, pour laquelle elle gardait toujours les sentiments d'une fille chretienne et dévouée.

C'etait la lettre d'Eline, à peu près dans les mêmes termes, détaillée lentement, posément, sur un ton d'implacable douceur qui montait Mᵐᵉ Ebsen jusqu'à la rage, jusqu'au transport d'une colère d'assassin, devant cette femme correcte et serrée dans sa toilette noire pâlissant encore ses joues étroites, son front en avant, ses larges yeux limpides, presque sans pupille, où l'on sentait si bien le froid et le dur de la pierre, et le néant de toute tendresse, de tout apitoiement féminin.

« Oh! je vais l'étrangler... » pensait-elle. Mais ses mains crispées nerveusement se joignaient, s'allongeaient en prière : « Madame Autheman, rendez-moi ma petite Lina... Je n'ai qu'elle au monde. Elle partie, il n'y a plus rien... Mon Dieu! nous qui étions si heureuses... Vous avez vu notre petit chez nous, si soigné, si *chandi*... Pas moyen de se bouder là-dedans. Il n'y avait pas la place... Il fallait s'embrasser tout le temps. »

Les sanglots lui revenaient en vagues de tempête, l'étouffaient, noyaient ses phrases suppliantes. Elle ne demandait qu'une chose, rien qu'une chose : voir son enfant, lui parler, et si tout cela était vrai, si Lina le lui disait elle-même... alors elle céderait, bien sûr, elle le promettait.

Une entrevue! C'est justement ce que Jeanne ne pouvait permettre. Elle préférait, pour convaincre la mère, essayer des phrases de sermon, des lambeaux chrétiens de ses petits livres... *Consolation en Jésus... l'affliction qui dispose à la prière...* Et peu à peu, s'exaltant au mouvement de son prêche : « Mais c'est vous, malheureuse femme, c'est votre âme qu'Eline veut délivrer ; et votre grande douleur est le commencement du salut. »

Mme Ebsen écoutait, les yeux à terre ; mais le cœur et l'esprit en défense. Soudainement, avec la fermeté d'une décision prise : « C'est *bien*... Vous ne voulez pas me rendre Lina... Je vais m'adresser à la justice. Nous allons voir si c'est permis, des abominations pareilles. »

Malgré ces menaces qui l'émouvaient peu, Mme Autheman la reconduisit jusqu'au perron et fit signe au domestique de l'accompagner, toujours majestueuse, impersonnelle comme la destinée. A mi-chemin, la mère se retourna, s'arrêta une minute sur cette terrasse où sa fille se promenait hier, ce matin peut-être. D'un regard elle enveloppa le grand parc silencieux, dominé de la croix de pierre blanche qui sortait du brouillard comme au faîte d'un cimetière.

Oh ! s'élancer vers ces bois touffus, vers ce caveau de mort qu'elle sentait lui cacher sa fille, murée là vivante, se ruer à faire sauter la porte, avec un grand cri terrible ! « Lina !... »

la prendre, l'emporter loin, la rendre à la vie...
Cela traversa sa pauvre tête d'un jet rouge.
Puis une honte la retint, le sentiment de son
impuissance en face de ce luxe et de cette
belle ordonnance qui l'impressionnaient malgré
tout.

La justice! Il n'y avait que la justice.

Résolue et droite, elle marchait vers le village, ayant son plan tout prêt, très simple.
Aller trouver le maire, exposer sa plainte, et
revenir avec un gendarme, un garde-champêtre, quelqu'un qui lui ferait rendre son
enfant ou obligerait cette méchante femme à
dire ce qu'elle était devenue. Le succès de sa
démarche, elle n'en doutait pas, se demandant
même si avant d'arriver à cet esclandre elle
avait bien employé les moyens de conciliation.
Oui, pleuré, supplié les mains jointes, et l'on
n'avait pas voulu l'entendre. Tant pis! Ça lui
apprendrait, à cette voleuse d'enfants.

Dans l'unique rue du village dont elle montait la pente, dans les maisonnettes uniformément alignées, avec leurs petits jardinets allongés devant en tiroirs, rien ne bougeait. Tout le
monde devait être aux champs, par cette saison
de récoltes. De temps en temps seulement on
écartait un rideau, un chien venait flairer ces
pas étrangers; mais le rideau retombait tout
de suite, le chien n'aboyait pas. Rien ne trou-

blait ce silence morne de caserne ou de pénitencier.

En haut, sur une place ombragée de vieux ormes en quinconce, le temple flanqué de deux écoles Évangeliques éclatait, sous le ciel voilé, du reflet de sa pierre nouvellement blanchie. Devant les hautes fenêtres entr'ouvertes de l'école des filles, Mme Ebsen s'arrêta pour écouter un tumulte de petites voix, qui récitaient en mesure sans respirer : *Qui-est-é-gal-à-l'É-ter-nel-dans-le-ciel-Qui est-sem-bla-ble-à-l'É-ter-nel-en-tre-les-forts...,* et des coups de règle sur une table activant ou ralentissant la lecture.

Si elle entrait !

C'est là qu'Eline donnait ses leçons. Peut-être lui dirait-on quelque chose... Qui sait même si elle n'allait pas la trouver installée, faisant la classe, tout simplement... La porte poussée, entre quatre murs blancs chargés de versets, elle vit, affaissées devant des tables à pupitres, de longues rangées de blouses noires et de petits béguins noirs serrés autour de têtes hâlées de campagnardes. Au fond, une grande fille, blême et bouffie, présidait, la Bible d'une main, sa longue règle de l'autre, et s'avança en voyant entrer Mme Ebsen, l'exercice interrompu, toutes ces jeunes têtes levées curieusement.

« Par grâce, mademoiselle... Je suis la maman d'Eline...

— Continuez!... » cria aux enfants, aussi fort que le pouvait sa voix humble, Mlle Hammer épouvantée. Et toute la classe reprit à l'unisson : *O-É-ter-nel-Dieu-des-ar-mées...* Certes, il fallait que la pauvre Hammer fût bien bouleversée, pour s'animer ainsi et repousser Mme Ebsen vers la sortie, opposant à toutes ses questions son « moui... moui » dolent, désolé, où se sentaient le désespoir et la confusion que lui causait, après tant de milliers d'années, la funeste aventure d'Adam et d'Eve sous le pommier.

« Vous connaissez ma fille?...

— Moui...

— C'est ici qu'elle faisait la classe?

— Moui...

— Est-ce vrai qu'elle est partie?... Oh! dites, par pitié...

— Moui... moui... sais rien... Demandez au château. »

Et cette timide personne, qui avait une poigne de frère ignorantin jeta la mère dehors et referma la porte, pendant que la classe continuait à réciter avec fureur : *Les-voies-de-l'E-ter-nel sont-droi-tes-les-jus-tes-y-mar-che-ront...*

On apercevait de l'autre côté de la place le drapeau tricolore de la mairie et sur le gris des murs le R. F. en grandes lettres noires que Mme Autheman n'avait pas encore osé remplacer par son P. S. Un gros homme, à face blême de bedeau, écrivait derrière une vitre du rez-de-chaussée. C'était le secrétaire de la mairie; mais Mme Ebsen voulait parler au maire.

« Il n'y est pas... » dit l'homme, sans tourner la tête... A quelle heure on le voyait?... Tous les jours de six à sept heures, au château.

— Au château! mais c'est donc?...

— Oui, M. Autheman. »

Rien à espérer de ce côté. Alors elle pensa au curé, qui devait être leur ennemi et près duquel elle trouverait un conseil ou un aide. Elle se fit indiquer la cure et descendit à grands pas vers le bord de l'eau. Sur sa route, on attelait un petit omnibus de campagne, devant un bureau : *Correspondance du chemin de fer, voitures à volonté.* Elle s'approcha du conducteur, lui demanda s'il connaissait une grande belle personne blonde, tout en deuil, et, pour éclaircir la mémoire du paysan, lui glissa dans la main une pièce blanche... S'il la connaissait, je crois ben! C'est lui qui la conduisait trois fois la semaine.

« A-t-elle fait la route hier?... et ce matin?... Oh! cherchez, je vous en prie. » Elle eut le malheur d'ajouter : « c'est ma fille... ils me l'ont prise... »

Aussitôt, l'homme s'embrouilla... Il ne se rappelait plus rien... Était-elle venue hier?... On lui dirait ça au château... Toujours le château ! Et la longue et grise maison montait, grandissait dans l'esprit de la mère comme une bastille, une forteresse, une de ces immenses bâtisses féodales ombrant de leurs tourelles et minant de leurs fondations, de leurs fossés de défense tout le pays d'alentour.

Au bord de l'eau, en face d'une petite crique où des femmes accroupies lavaient du linge, le presbytère semblait une maisonnette de pêcheur, avec ses bachots amarrés au bas des marches, ses grands éperviers qui séchaient entre deux perches, tendus comme des hamacs. Le curé lui inspira confiance tout de suite par sa carrure robuste, ses petits traits enfantins noyés dans la largeur de sa face rougeaude et creusée de fossettes. Il fit entrer cette visiteuse convenablement mise, dans son petit salon pénétré par la fraîcheur humide du rez-de-chaussée et de la rivière, s'effara un peu de sa première phrase : « c'est une malheureuse mère qui vient vous demander aide et secours..., » car le pauvre homme n'avait pas un centime à donner, et encore plus de la seconde : « Madame Autheman vient de m'enlever ma fille... »

Elle ne s'aperçut pas de l'indifférence et de la froideur subites qui aplatissaient cette figure de bon vivant, et commença fougueusement son histoire. Le prêtre, lui, se rappelait le mot de son évêque sur les banquiers, la mésaventure de sœur Octavie, et trouvait inutile de risquer pour des étrangers une campagne aussi dangereuse. Au bout de quelques phrases, il l'interrompit vivement :

« Pardon, madame... vous êtes protestante?... Alors, comment voulez-vous que j'intervienne dans tout ceci?... Ce sont des affaires de famille que débrouilleront plus facilement vos pasteurs...

— Mais, monsieur le curé, c'est une question d'humanité encore plus que de religion... Une femme, une mère vient à vous... Vous n'allez pas la repousser, voyons... »

Il comprit qu'il parlait trop dur et devait au moins envelopper son refus d'apitoiement... Eh! sans doute, l'histoire de cette pauvre dame était très touchante, ses larmes disaient la vérité... Certainement la personne en question — inutile, n'est-ce pas, de préciser davantage — apportait au service de ses convictions religieuses une ardeur aveugle, un zèle de propagande répréhensible... Lui-même avait été le premier à en souffrir... Du reste, dans tous les cultes, les femmes se jettent toujours en avant et dépassent la raison et le but. Les prêtres catholiques connaissent bien ces exaltations de dévotes qui, sous prétexte d'autel à soigner, de fleurs à renouveler, s'immiscent dans les affaires de sacristie et qu'il faut calmer tout le temps. Mais les pasteurs n'avaient pas les mêmes moyens d'autorité... Que voulez-vous faire dans une religion de critique, de libre examen, une religion sans discipline, où tout le monde entre comme au moulin, croit ce qu'il veut, peut même jouer au prêtre si cela l'amuse?

« Aussi, voyez quel gâchis de sectes, de croyances!... »

Il s'animait, car il en avait gros dans le cœur contre Luther et Calvin, et fier de montrer son érudition sur un sujet qu'il avait tout spécialement étudié pendant les loisirs que lui laissait sa cure, il énumerait les sectes innombrables qui, en dehors de la grande scission entre libéraux et orthodoxes, divisent la Réforme :

« Faites le compte, disait-il en levant l'un après l'autre ses gros doigts où les rames et l'épervier avaient mis des calus... Vous avez les Irvingiens qui veulent le retour aux premières idées du siècle apostolique, les Sabattistes demandant le Sabbat comme les Juifs, les Péagers dont toute la dévotion consiste à se frapper la poitrine à grands coups de poing, les Derbystes rebelles à toute organisation ecclésiastique, n'acceptant aucun intermédiaire entre leur orgueil et Dieu, les Méthodistes, les Wesleyens, les Mormons, les Anabaptistes, les Hurleurs, les Trembleurs... Quoi encore?... »

La pauvre femme écoutait, ahurie, cette nomenclature théologique, et comme si tous ces cultes dressaient autant de barrières entre elle et sa fille, elle mit la main sur ses yeux, et mur-

mura : « Mon enfant!... mon enfant!... » d'un
accent si navré que le prêtre touché au cœur
sortit de sa réserve :

« Mais enfin, madame, il y a des lois... Il
faut aller à Corbeil... déposer votre plainte au
parquet... Je sais bien que vous avez à faire
à rude partie et qu'il y a quelques années, dans
des circonstances presque semblables, l'enquête commencée... Mais c'était sous le Seize-
Mai; et vous serez sans doute plus heureuse
sous un régime sincèrement républicain. »

Il souligna ces derniers mots d'une malice
qui remit en place ses traits poupins.

« C'est loin, Corbeil? » demanda la mère,
brusquement.

Non, Corbeil n'était pas loin. Elle n'avait
qu'à suivre la berge jusqu'à Juvisy, où elle
trouverait le train qui la mènerait en vingt
minutes.

La voilà sur l'étroit chemin, allant du côté
de Juvisy dont elle aurait pu distinguer à distance les maisons blanches groupées au tournant que fait la Seine à cet endroit, si la brume
encore épaissie n'eût empêché de rien voir
cinquante pas.

La rivière, alourdie sous cette brume, semblait figée entre les formes d'arbres indistinctes
qui la bordaient. De loin en loin, un bachot
immobile, avec une silhouette de pêcheur toute

droite, la gaule en main. Et un silence planant, une attente, une angoisse de l'air qui gagnait la mère déjà si faible, n'ayant rien mangé depuis la veille, brisée, détrempée par les larmes, aussi molle que le chemin peu fréquenté, herbeux et limoneux, où elle glissait à chaque pas.

Sa pensée la fatiguait encore à courir devant elle, faisant dix fois la route comme un enfant indocile. Déjà elle se figurait son entrée chez ce procureur, ce qu'il dirait, ce qu'elle répondrait. Quand tout à coup, de se voir seule, pataugeant dans cette boue déserte, allant chercher des gendarmes pour qu'ils lui ramènent de force son enfant, elle fut anéantie d'un découragement immense... A quoi bon les juges, les soldats, puisque sa fille ne l'aimait plus?... Elle se répétait mot pour mot l'horrible lettre tant relue depuis le matin... *Dieu m'appelle, je vais à lui... ta fille toute dévouée...*

Lina!... sa toute dévouée!... Non, il y a de ces choses... Alors en même temps que l'ingratitude d'Eline, tout ce qu'elle avait fait pour elle lui remontait au cœur...Tant veillé, tant trimé, pour que rien ne lui manquât, qu'elle fût instruite, élevée comme une vraie demoiselle... Porter soi-même des loques et des pièces pour faire à l'enfant un trousseau de pension tout neuf... Et quand au bout de tant de privations et de peines, la voilà grandie, et belle et savante... Ah! si chandille... « Dieu m'appelle, je vais a lui ! »

Ses jambes fléchissaient. Il lui fallut s'arrêter sur un tas de pierres rougeâtres, des pierres de carrière debarquées là pour quelque construction parmi des orties et de ces grandes plantes qui gardent l'eau de pluie dans leurs calices verts comme dans des coupes de poison. Elle posa ses pieds tout mouillés sur la planche d'abordage, dont l'extrémité trempait encore dans la rivière, offrant une pente bien lisse, bien engageante a sa lassitude et à son désespoir. Mais elle n'y songea pas un instant, toute à une idée, une idée terrible, qui l'envahissait...

Et si cette femme avait dit vrai, si c'était vraiment Dieu qui lui eût pris sa fille, qui eût fait ce coup de voleur !... Car enfin cette Jeanne Autheman n'était pas magicienne, et pour affoler ainsi de grandes filles de vingt ans, il fallait quelque chose de surnaturel. Des bouts de phrase entendus au prêche, des mots de livres saints prenaient tout à coup dans son cerveau troublé l'accent de feu des menaces bibliques... *N'aimez point... Celui qui quittera son pere et sa mère...* Mais alors, contre Dieu rien ne pouvait prévaloir... Qu'allait-elle chercher à Corbeil !... la Justice ?... Contre Dieu !...

Écrasée sur son tas de pierres, regardant sans bouger la Seine huileuse et lourde etoilée çà et là de larges éclaboussures, elle n'existait plus que par le bouillonnement de toutes ces idées qui faisaient dans sa pauvre tête comme un grondement sourd de chaudière déversée... La pluie maintenant, une pluie fine, pénétrante, brouillant le ciel et l'eau entre ses mailles serrées... Elle voulut se lever, se remettre en route ; mais tout tournait, la rivière, les arbres, et elle s'affaissa dans l'herbe molle et boueuse, les yeux fermés, les bras inertes.

XII

ROMAIN ET SYLVANIRE

T toujours ce grondement de chaudière, mais rapproché, grandi, tout près d'elle. Pourtant sa tête est dégagée et ses oreilles ne tintent plus. Elle ouvre les yeux, s'étonne de ne plus voir la berge ni le tas de pierres. Qu'est-ce que c'est que ce grand lit dans lequel elle est couchée, et cette chambre où le jour filtre entre des rideaux jaunes, où des reflets ondulent sur le plafond et sur les murs comme dans les maisons riveraines? Mme Ebsen a déjà vu ce tapis à fleurs roses, ce naïf étalage de

chromos de magasins, mais ce qui achève de l'orienter, ce sont ces coups de sifflet sous la fenêtre, ces cris : « Ohé! Romain... » dominant la rumeur du flot en écume au long des vannes, et là-bas, dans l'embrasure de la porte, une petite blondine en sarrau de paysanne, qui la regarde et tout à coup se sauve en appelant avec la voix de Fanny :

« Sylvanire, elle est réveillée... »

Et les voilà toutes deux, Sylvanire et Fanny, installées à son chevet; et cela ranime la pauvre mère, cette loyale figure en face d'elle, ces cheveux d'enfant en soie chaude contre sa joue. Mais, mon Dieu, qu'est-ce qu'il y a donc? Comment est-elle ici?... Sylvanire n'en sait guère plus qu'elle là-dessus. Hier, en rentrant du catéchisme, Maurice a trouvé Mme Ebsen comme morte sur le chemin de halage. « Un coup de sang... qu'a dit le médecin d'Ablon; même qu'il a dû la saigner deux fois, et de la manière que le sang giglait, il a vu tout de suite qu'il n'en serait que ça. » Malgré tout, Sylvanire a télégraphié bien vite à Mlle Eline... C'est commode au barrage, on a le télégraphe dans la maison.

La femme de Romain s'arrête interdite en voyant Mme Ebsen qui sanglote et se cache dans les oreillers, plus blanche que leur toile. Le nom d'Eline a réveillé son désespoir, tout à coup redressé et fort, après le court sommeil du cerveau malade... « Plus d'Eline... partie... Mme Autheman... » Dans ces cris entrecoupés, Sylvanire débrouille la catastrophe et ne s'en étonne pas. La dame de Port-Sauveur a déjà fait de ces mauvais coups ; elle a détourné cette enfant comme celle aux Damour, celle aux Gelinot, « en y donnant de la boisson, bédame !

— De la boisson ?... vous pensez ? » dit la mère ne demandant qu'à croire cette légende qui laisse aux Autheman toute la responsabilité de leur crime.

« Ben sûr qu'elle y en a donné... sans ça, comment voulez-vous ?... Mais ça ne fait rien, allez, madame Ebsen, les beaux jours reviendront. On vous la rendra, votre demoiselle... Seulement, ce n'est pas ici qu'il faut vous adresser : autant dire des rois, ces Autheman, dans le pays... Il faut voir à Paris, remuer du monde. Monsieur connaît des ministres, il leur parlera... Vous ne serez pas longue à ravoir votre bien... »

Ce regard droit, cette cordialité naïve et robuste... C'est comme une transfusion de courage et d'espoir aux veines ouvertes de la mère. Elle pense à leurs amis, puissants et riches, aux d'Arlot, à la baronne. Elle ira partout ; ce sera un soulèvement contre cette méchante femme. Sans les efforts de Sylvanire, elle se lèverait et partirait à l'instant. Mais on a ordonné quelques jours de repos, sous peine d'une rechute. Allons! C'est pour son enfant, il faut être raisonnable.

Que la convalescence lui sembla longue, et cruelles les heures d'attente dans la chambre de l'écluse, à mesurer le temps aux passages réguliers de la chaîne, à compter les chalands, les trains de bois s'en allant au fil de l'eau, d'une marche endormie, leur pilote en bonnet de coton, courbé sur sa longue rame. Le soir, une flamme rouge s'allumait à l'avant des radeaux, doublée par le reflet. Elle regardait cette flamme s'éteindre dans la brume, voyageait avec elle, songeait : « Maintenant, ils sont à Ablon... Au port à l'Anglais... à Paris... » Dans l'activité dévorante de sa pensée, cette eau, ces gens, ces bateaux défilant avec une lenteur uniforme l'exaspéraient comme une raillerie, et elle réglait sa convalescence par étapes; tant de jours de lit, tant de fauteuil, quelques pas dans la maison pour se donner des jambes, puis en route! C'était la fièvre du réclusionnaire qui voit venir la fin de sa peine.

Pourtant on la choyait à l'écluse. Romain, qui crevait de joie d'avoir sa femme à lui, pour lui, d'être ensemble, se privait de chanter et de rire par égard pour la pauvre mère; et lorsqu'il venait doucement poser sur la commode un de ces grands bouquets de roseaux, d'iris,

de panaches d'eau comme lui seul, savait les
faire, il se préparait avant d'entrer dans cette
chambre en deuil, essayait de penser à des
choses tristes : Une supposition que Sylvanire
serait malade ou que Monsieur la rappellerait
avec les enfants... Mais, son geste contenu,
ses petits yeux hypocritement baissés, le « cré
cochon, madame Ebsen » qu'il bredouillait
sans conviction, irritaient et gênaient Sylvanire
qui le renvoyait bien vite évaporer dehors, à
l'air vif du barrage, l'ivresse de son bonheur
égoïste comme tous les grands bonheurs.

C'est avec la petite Fanny que la mère se
plaisait le mieux; elle l'installait à un petit
ouvrage à côté d'elle et lui parlait d'Eline tout
le jour: « N'est-ce pas, que tu l'aimais bien?...
N'est-ce pas, que tu la voulais pour maman?... »
Et dans le duvet de ces joues fraîches elle
retrouvait un peu des caresses de sa fille, la
trace de sa main douce sur ces cheveux fins.
D'autres fois, en voyant la transformation de
l'enfant, le gros fichu qui l'engonçait, son petit
bonnet, ses sabots, ses menottes rougies et
glacées comme des pommes d'automne, elle
sentait la tristesse qui nous vient en présence
d'une dégradation morale ou physique.

Chez Maurice, cela s'accentuait encore. Du
futur aspirant que l'on produisait brillamment
dans les salons de la sous-préfecture, il ne restait qu'une casquette en loques sur un gros

garçon de campagne, balourd et vermeil. Il se
destinait toujours a Navale; mais, pour le
moment, debarrassé des etudes par l'approche
de la première communion, il menait en dehors
du catéchisme une délicieuse existence de flâ-
neur du bord de l'eau, troublee seulement par
les chasses que lui donnait le jeune Nicolas de
Port-Sauveur, a chaque sortie du presbytère...
Oh! ce Nicolas... Il en rêvait la nuit, le malheureux enfant, et le jour, en faisait des récits
terribles à sa petite sœur qui s'indignait de le
voir si capon, lui un futur officier.

« Tu verrais, si c'etait moi!... »

A l'écluse, tout le monde en parlait, de ces
chasses effroyables d'où Maurice revenait haletant, pâli, défait.

« Gare un de ces jours, si je m'en mêle!... »
disait Sylvanire; mais heureusement pour le
jeune Nicolas, des occupations nombreuses la
retenaient à la maison. D'abord le télégraphe,
dont Romain lui enseignait la manœuvre, puis
la cuisine, le linge de son mari et des enfants
à surveiller, et aussi celui de Baraquin; car le
renégat faisait partie du ménage, couchait la,
mangeait avec eux, ce qui les gênait beaucoup
pour parler du château et d'Eline, à table et
à la veillée. Non pas que Baraquin fût un
mauvais homme; mais avec une goutte de
« blanche » on lui aurait fait vendre ses amis,
sa peau, son âme, aussi aisément qu'une

redingote de communion. C'est pourquoi Sylvanire se méfiait de lui et attendait qu'il fût dehors, pour dire son idée.

L'idée de Sylvanire, c'est que Mlle n'avait pas quitté le château; et tous les jours elle envoyait Romain faire le guet dans son bateau devant la grille, tandis qu'elle-même s'informait près des fournisseurs, à la boucherie Évangélique : MEURS ICI POUR VIVRE LA, ou chez l'épicier : AFFECTIONNEZ-VOUS AUX CHOSES QUI SONT EN HAUT. Nulle part la jolie demoiselle n'avait paru; mais tout de même on savait bien de qui elle voulait parler. Quant à se charger d'une lettre ou de n'importe quelle commission, autant leur demander leur opinion politique et pour qui ils voteraient aux prochaines élections. Des mots en l'air, des clignements d'yeux, des rires qui faisaient le malin ou la bête.

Un soir, la mère Damour entra un moment chez l'éclusier. Et cette paysanne à figure sinistre dans son deuil découragé, l'espèce de résignation abrutie et sauvage avec laquelle elle parlait de son malheur, remplirent Mme Ebsen d'épouvante.

« Tout ce que vous ferez ou *ren*, voyez-vous... répétait l'hôtesse de l'*Affameur*, la voix morne, les mains à plat sur les genoux... Moi, les Autheman m'ont tué ma fille, ils m'ont enfermé mon homme chez les fous... Mais j'ai *ren* pu...

Comme j'y ai dit a ce juge, même qu'y me voulait retenir en prison a cause de ça, c'est du monde trop riche, y a pas de justice pour ces personnes-là ! »

Romain avait beau lui répeter que ce n'était pas la même chose, que Mme Ebsen emploierait des amis très puissants, des ministres, des commissaires de police, la mère Damour restait inebranlable. « *Ren* à faire... Du monde trop riche... » Aussi ne la laissa-t-on plus entrer. Mme Ebsen allait mieux d'ailleurs, se levait, faisait quelques pas sur la berge, et partait au bout de la huitaine, devoree du désir de commencer ses démarches.

Sylvanire ne se trompait pas. Eline etait en surveillance à la Retraite, où Mme Autheman la préparait à sa mission, isolée de toute influence et du danger des liens terrestres. On ne la laissait jamais seule, inoccupée un instant. Après la théologie de J.-B. Crouzat et les conférences de Jeanne, venaient les chants religieux, méditations, prières en commun et à haute voix ; entre temps, quelques promenades au bras d'Anne de Beuil ou de Chalmette dont la parole ardente l'exaltait.

Le plus souvent on se promenait sous la verandah, à cause des pluies d'automne qui baignaient les feuillages rouillés, déjà plus clairs, et faisaient s'envelopper de leurs grands

waterproofs de voyage les cinq ou six ouvrières
de la Retraite dont les silhouettes empaquetées
et noires mêlaient une tristesse, un reflet de
misère de ville à la mélancolie des bois. Mais
les bonnes heures pour la néophyte, c'était au
rez-de-chaussée du chalet, dans la salle de
prière, que l'avancée du balcon laissait à demi
obscure. Là, bercée au refrain monotone des
cantiques, elle s'abandonnait dans un délicieux
hypnotisme qui peu à peu ébranlait sa tête
faible, jusqu'à l'inconscience d'un léger vertige.

On se préparait à la prière par une méditation à genoux, le front contre la muraille, une
absorption de tout l'être immobilisant ces
corps de femmes dans des poses différentes,
élancées, affaissées, tordues par l'effort de la
volonté, ou bien jetées à l'abandon, à donner
l'illusion qu'il n'y avait plus rien sous ces vêtements sans formes. Tout à coup celle qui se
sentait prête, inspirée, venait se mettre devant
la table, et debout, tendue et vibrante, impro-
visait la prière à haute voix. Moins des phrases
que des cris, des élans, des invocations toujours les mêmes : « Jésus, Jésus, mon Sauveur,
mon doux et bien aimé Jésus !... Gloire,
gloire !... secours, pitié pour mon âme ! » Mais
il y avait dans ces improvisations une ardeur,
une spontanéité d'effusion qui manque aux
oraisons apprises, et les mots s'y transfiguraient

comme en rêve, splendides, trempés de matière lumineuse.

A ces moments-là, Eline oubliait toutes ses misères et l'horrible arrachement des affections rompues. Perdue en Dieu, anéantie dans un amour immense au-dessus de tous les amours, un frisson passionné changeait sa voix, la faisait plus prenante et plus forte. Ses traits enfantins, sa douceur de blonde s'exaltaient en parlant, cernés d'ombres voluptueuses. et ses larmes, des larmes à flot, emportant la rose fleur de sa carnation délicate, lui semblaient le vrai baptême régénérant, l'onde salutaire sur le limon du péché.

Les autres *ouvrières*, paysannes affinées par la névrose, éprouvaient le même ravissement de leur prière improvisée; mais le « raptus » extatique ne les embellissait pas toutes comme Eline. La petite bossue devenait terrible, les yeux hagards et fixes, son corps difforme secoué de tremblements spasmodiques, et sa grande bouche appelant Jesus dans une grimace hurlante et gémissante. Celle-là etait une véritable convulsionnaire, car l'hysterie ne distingue pas entre les cultes, les historiens des *Revivals* et des *camps-meetings* d'Angleterre et d'Amérique sont là pour en témoigner. Dans ces *revivals*, sortes d'assemblées religieuses et prédicantes, un peu comme nos « Jubilés » et ce qu'en Suisse on appelle des « Réveils, » les attaques convulsives ne sont pas rares. « A Bristol, pendant les sermons de Wesley, des femmes se renversaient comme foudroyées, frappées au cœur par la parole du pasteur. On les voyait joncher le sol pêle-mêle, insensibles et semblables à des cadavres*. »

Et cette visite à une église presbytérienne de Cincinnati** :

« De cet amas confus de créatures humaines étalées sur les dalles sortaient des hoquets hystériques, des sanglots, de sourds gemissements, cris inarticulés, aigus, rapides... Une très jolie fille agenouillée devant nous dans l'attitude de la Madeleine de Canova, après avoir débité une quantité incroyable de jargon methodiste, fondit en larmes et s'écria : Anathème ! Anathème sur les apostats !... Écoute, écoute, ô Jésus... Lorsque j'avais quinze ans, ma mère mourut et j'apostasiai. Réunis-moi à ma mère, ô Jésus, car je suis bien fatiguee. O John Mitchell ! O John Mitchell ! »

C'est la maladie du revival, comme on dit en Irlande. Toutes les *ouvrières* de Port-Sauveur en étaient atteintes, Eline Ebsen plus dangereusement que les autres, par une disposition nerveuse naturelle qu'avaient surexcitée la mort

* *Histoire des Revivals chrétiens* par le Dr John Chapman. Londres 1860.
** *Mistress Trolopp* Mœurs Américaines

de sa grand'mère et les manœuvres de Jeanne Autheman. Maladie véritable avec des accès, des intermittences. Rentrée le soir dans la solitude de sa petite chambre, l'enfant sentait son cœur battre normalement, filialement. Elle avait beau se répéter que le salut de sa mère commandait cette séparation, qu'il fallait ce temps d'épreuve pour la rapprocher de Jésus, elle avait beau appeler à l'aide tous les versets de l'Écriture ; le souvenir des jours paisibles dans l'affection naturelle la prenait toute et l'empêchait de prier.

Oh ! les heures sans foi, sans effusion, martyre des bons prêtres, l'heure où les mots tombent gelés des lèvres sèches et dures, où sainte Thérèse se lamente au pied du crucifix et cherchant l'émotion du divin sacrifice compte froidement les plaies qui vermillonnent l'ivoire... C'est alors que Mme Ebsen apparaissait à sa fille et lui tendait les bras en pleurant :

« Reviens, reviens, soyons heureuses... Qu'est-ce que je t'ai fait?... »

Avec cette perception tourmentée des choses, que donnent la nuit et le lit, Eline voyait sa mère, l'entendait, et l'appelait à son tour, lui parlait en sanglotant, jusqu'à ce que lasse de cette lutte horrible elle allongeât la main à tâtons sur le verre qu'Anne de Beuil lui préparait tous les soirs, et qu'elle s'endormît enfin d'un sommeil dont elle sortait, au matin, sans

pensée, sans volonté, n'ayant même plus de
larmes. Ces jours-là, elle ne quittait pas sa cellule, et derrière la buée qui se formait aux
petites vitres du chalet elle regardait passer
entre les arbres les longs waterproofs de l'*OEuvre*, agités de gestes extatiques, d'arrêts songeurs
comme on en voit dans les preaux de la Salpêtrière. Les feuilles tourbillonnaient sous le ciel
morne; des nuages, toujours renouvelés au
même point de l'horizon, s'accumulaient, se
dispersaient, s'echevelaient en pluie fine. Elle
en suivait un des yeux, dans ses transformations
d'ombre et de lumière, le même peut-être que
sa mère regardait, tout près de là, de son fauteuil de convalescente; et quelquefois, par cette
commotion magnétique a distance, cet échange
de pensée et d'humaine atmosphère si puissant
entre ceux qui s'aiment, Eline avait comme un
pressentiment de ce voisinage.

Un matin, Mme Autheman la trouva tout en
larmes.

« Qu'y a-t-il encore?... demanda-t-elle durement.

— Ma mère est malade tout près d'ici...
— Qui vous l'a dit?
— Je le sens. »

Dans la journée on apprit en effet la présence
de Mme Ebsen à l'écluse. La présidente supposa
une indiscrétion de domestique, personne
n'étant moins crédule aux sentiments de com-

motion fine que ces croyantes orthodoxes. C'était fini de son influence, si la mère et la fille se rencontraient.

« Il faut partir, Ebsen... Êtes-vous prête ?

— Je suis prête... » dit la pauvre Ebsen, en tâchant d'affermir sa voix. Son petit trousseau d'ouvrière fut vite terminé, moins compliqué certes et moins soigné que celui pour lequel la mère avait remué ses vieilles dentelles et ses meilleurs souvenirs; un trousseau de gouvernante pauvre, où pesaient surtout des paquets de bibles et *d'heures du matin* sentant l'imprimerie fraîche... La voiture attelée, Anne de Beuil y monta, tandis qu'Ebsen embrassait M*me* Autheman, puis toutes ses compagnes, et M*lle* Hammer, et J.-B. Crouzat, sa vraie famille enfin, la seule permise à l'ouvrière de Port-Sauveur.

Maintenant, va, mon enfant, et travaille dans ma vigne.

La voiture tourna contre le mur du parc, lentement, à cause de la ruelle étroite et montante. Une fillette qui descendait, un panier à la main, se rangea pour la laisser passer, et regardant à l'intérieur reconnut Eline et poussa un grand cri : « Maman !... » Un cri plus doux, fini en plainte, lui répondit; mais tout de suite le cheval fouetté s'enlevait, et partait à fond. Fanny, sans lâcher son panier, se mit à courir de toute la force de ses petites jambes, haletant toujours : « Maman... maman... » Mais elle ne pouvait pas suivre, alourdie de ses gros vêtements, des sabots qui deformaient ses petits pieds, et dans un dernier elan désespére, elle tomba, s'aplatit rudement. Quand elle se releva, meurtrie, les mains et les cheveux salis de boue, mais sans une larme, et serrant toujours son petit panier, la voiture avait grimpe la côte. L'enfant la regarda filer une minute, immobile et grave, avec le pli de son front qui cherchait ; et tout a coup, prise d'épouvante comme si elle avait compris, devine quelque chose de terrible, elle se sauva vers l'ecluse à toutes jambes.

XIII

TROP RICHES

Le rez-de-chaussée de l'hôtel Gerspach, rue Murillo. Toute la livrée à l'antichambre, gantée, debout, alignée au port d'armes. Le suisse à sa table, enflé et rogue, répondant pour la vingtième fois :

« Madame la baronne ne reçoit pas.

— C'est son jour cependant. »

Son jour en effet, mais un malaise subit... Et à ce mot de malaise un frisson gai passait sur tous ces larges mentons bleus et rasés. C'était la fable de l'antichambre, cette maladie de peau qui revenait à chaque saison.

« Elle y sera pour moi... comtesse d'Arlot...
Je n'ai qu'un mot à dire... »

Il y eut des coups de timbre assourdis dans
les tentures, un va-et-vient discret et stylé, et
presque aussitôt, à l'étonnement de la valetaille,
l'ordre d'introduire la visiteuse qui n'était pourtant pas de l'intimité. Dans le salon du premier
étage, où Mme d'Arlot attendit quelques minutes, un grand feu doux brûlait sous une haute
glace sans tain encadrant le parc Monceau, ses
pelouses anglaises, ses rocailles, le petit temple
grelottant dans le ciel noir, au nu des arbres
dépouillés; paysage d'hiver parisien dont la
tristesse rendait plus pénétrant l'intérieur fleuri,
étincelant de laques, de cuivres, de craquelés,
d'une quantité de bibelots et d'étoffes bigarrées
comme une palette, des paravents bas près des
fenêtres, des sièges qui se groupaient autour
de la cheminée, espacés pour la causerie.

Léonie, en regardant ce salon d'une parisienne à la mode, se rappelait le temps où elle
recevait, elle aussi, avec la coquetterie de son
jour et de sa maison, avant l'abandon, le funeste « à quoi bon? » découragé qui emportait
sa vie : le mari au cercle ou à la Chambre, elle
à l'église à toute heure et jamais de réception
ni de visite. Il avait fallu un motif bien puissant pour l'amener chez Deborah, une ancienne
amie de pension longtemps préférée malgré
l'écart des mondes où vivaient les deux jeunes

femmes, mais qu'elle ne voyait plus depuis son renoncement à tout.

« Si madame la comtesse veut prendre la peine... »

Elle entra dans la demi-nuit d'une chambre aux tentures claires, aux rideaux tirés.

« Par ici, dit une petite voix enfantine et pleurarde, venue d'un immense lit à estrade et à baldaquin... Il faut que ce soit toi, va! »

Et ses yeux faits à l'obscurité distinguaient au milieu d'un attirail de miroirs à main, pencils, patte de lièvre, boîtes à poudre et à onguents, qui faisaient de la courtine en velours de Gênes un dessus de toilette d'actrice, l'infortunée Deborah étendue, dans l'ebouriffement roux de ses cheveux, son masque blafard de juive d'Orient tout miroité de pommade ainsi que ses mains, ses bras superbes sortis des épaulettes de dentelle.

« Tu vois, c'est comme a la pension... En voilà pour une semaine à n'aller nulle part, à ne voir personne, un tas d'horreurs sur la peau... C'est venu ce matin, subitement, juste mon jour... Et demain ma vente à l'Ambassade pour les inondés de... de Chose... Et ma robe de chez Véroust... Crois-tu que je suis malheureuse ! »

Des larmes coulaient sur l'onguent délayé de ses joues et laissaient voir les éraflures sanglantes de l'acné, assez insignifiant en somme, mais outrageant sa vanité de jolie mondaine en vedette. Que n'avait-elle tenté pour s'en débarrasser ! Louesche, Pougues, les boues de Saint-Amand. « Oui, cinq heures jusqu'au cou dans un marais de boue noire toute chaude, avec des filets d'eau qui filtrent là-dedans, vous courent sur la peau comme des bêtes... Rien n'y a fait... C'est dans le sang, c'est d'héritage... L'or des Autheman, comme disait cette drogue de Clara... »

Léonie reconnaissait la Déborah du pensionnat de Bourlon, la grande bonne fille au tout petit crâne sous sa toison fauve comme un grelot dans un chapeau de folie, aussi belle, aussi nulle et expansive que du temps de l'infirmerie.

« Mais je suis là... je pleure, je me désole au lieu de te demander de tes nouvelles... Si longtemps qu'on ne s'est vu !... Je te trouve coulée... Es-tu un peu plus heureuse ?

— Non... dit Mme d'Arlot simplement.

— Ton même chagrin, toujours ?...

— Toujours.

— Oh ! je comprends ça, pauvre chérie... Si pareille chose m'était arrivée... je ne dis pas avec le baron, parce que le baron... Mais enfin quelqu'un que j'aurais aimé... Oh ! Dieu... » Sa petite glace bien droite, elle effaçait du bout de la patte de lièvre la trace de ses larmes. « Heureusement, toi, tu as ta religion pour te consoler.

— Oui, ma religion... » dit la comtesse toujours de sa voix morne.

« Est-ce vrai ce que Paule de Lostande racontait l'autre jour que ta belle-mère venait de te donner deux cent mille francs pour une fondation d'orphelinat?...

— Ma belle-mère est très bonne avec moi... »

Elle ne disait pas que ces générosités vraiment royales, à l'aide desquelles la vieille marquise croyait effacer les torts de son fils, avivaient chaque fois le mal qu'elle voulait guérir.

« Cette pauvre de Lostande!... Encore une qui n'est pas heureuse... reprit Deborah qui dans son désespoir aimait à remuer de la tristesse... Tu as su la mort de son mari, cette chute de cheval, aux grandes manœuvres?... Elle n'a pu s'en consoler... seulement elle, pour oublier, elle a ses piqûres... oui, elle est devenue... Comment dit-on?... Morphiomane... Toute une société comme ça... Quand elles se réunissent, chacune de ces dames apporte son petit étui d'argent, avec l'aiguille, le poison... et puis crac! sur le bras, dans la jambe... Ça n'endort pas; mais on est bien... Malheureusement l'effet s'use chaque fois, et il faut augmenter la dose.

— Comme moi, mes prières... » murmura Léonie, et tout à coup avec une intonation déchirante : « Non, vois-tu, il n'y a que d'être aimée qui compte... Ah! si mon mari avait voulu... »

Elle s'arrêta, presque aussi stupéfaite que son amie de ce cri de détresse, de cet intime aveu qui l'obligeait à mettre, une minute, sa main devant ses yeux.

« Chère belle !... » fit Déborah d'un geste affectueux qu'immobilisa tout de suite l'enduit de ses bras nus ; et rappelée à sa propre misère :
« Ah ! la vie n'est pas gaie... On ne voit que du malheur partout... tu sais ce qui arrive à notre pauvre mère Ebsen ?... »

A ce nom d'Ebsen, Léonie secoua ses larmes brusquement :

« C'est pour elle que je viens... » Elle s'animait. « Imagine-t-on cela ?... Ne pas même lui dire où est son enfant... Mais c'est un monstre, cette Jeanne Autheman.

— Elle n'a pas changé depuis la pension. Te rappelles-tu sa jolie figure, son air recta, sa petite bible dans le tablier où nous mettions nos montres ?... C'est qu'elle m'avait tourné la tête un moment. Je serais partie, en Afrique, avec elle... Non ! me vois-tu missionnaire chez les nègres ?... »

Il était difficile en effet de se la figurer ainsi, avec ses onguents, ses pencils qu'elle promenait lentement en caresse sur son cou de statue.

« Mais enfin ton cousin Autheman, que dit-il ?... Comment laisse-t-il commettre de pareilles atrocités ?... Elle vous déchire le cœur, cette pauvre mère, quand elle raconte... Tu ne l'as pas entendue ?... Il y a des détails inouïs... Tiens ! elle est en bas dans ma voiture... Elle n'osait pas monter, croyant que tu avais du monde ; mais si tu veux...

— Non, non, je t'en prie... fit Déborah épouvantée... le baron m'a bien défendu de me mêler de cette affaire...

— Le baron ?... Et pourquoi ?... Moi qui justement comptais sur toi, sur ton salon, ce Chemineau qui est toujours chez vous.

— Non, ma petite, je t'en supplie... Tu ne sais pas ce que c'est, dans la banque, d'avoir Autheman contre soi... On serait brisé comme verre... mais toi-même, ton mari... Le voilà député maintenant... Ça obtient tout ce que ça veut, un député de l'opposition.

— Je ne peux rien demander à mon mari... » dit la comtesse en se levant. Déborah la retint seulement pour la forme ; car la faible créature avait peur d'un débat où elle se sentait vaincue d'avance, et craignait surtout qu'on ne vît Mᵐᵉ Ebsen chez elle, dans sa cour.

« Je regrette bien, je t'assure... pour toi, pour cette pauvre femme... tu reviendras me voir, dis ?... Adieu, ma belle... Et ne pas pouvoir s'embrasser. »

Elle retomba sur son lit, prise d'un nouvel accès de désespoir, et resta là, dans son apparat de malade, l'émail de sa poitrine, de ses bras morts sortant des satins et des dentelles, sans larmes, sans gestes, tout en plaintes inarticulées, comme une grande poupée de jour de l'an.

En descendant l'escalier tendu d'un tapis clair à bordure de peluche, Léonie d'Arlot songeait : « Si ceux-là ont peur, que diront les autres? » L'affaire lui semblait bien plus compliquée que tout à l'heure. Sur le perron, pendant que sa voiture se rangeait, un nom lui vint à l'esprit... Oui, c'était une idée. Au moins, là, on aurait toujours un bon conseil... Elle jeta une adresse au cocher et monta près de Mme Ebsen qui la guettait fiévreusement, comme si elle s'attendait à la voir revenir avec Eline.

« Eh bien?...

— Oh! vous savez, toujours la même, cette Déborah, une grosse indolente... D'abord elle est en floraison et nous ferait perdre trop de temps... Nous allons chez Raverand.

— *Raferand?...* »

La danoise ne connaissait même pas de nom e plus savant, le plus subtil avocat de Paris, deux fois bâtonnier de l'ordre.

« Un avocat!... On va donc plaider!... »

Ses yeux s'arrondissaient de terreur. C'était si long, il fallait tant d'argent. Léonie la rassurait : « peut-être pas... on va voir... C'est un ami. » Un vieil ami de son père, à qui elle devait d'être restée avec le comte, l'honneur de la famille sauvegardé dans l'écroulement de leur bonheur.

Rue Saint-Guillaume. Une antique maison épargnée par les demolisseurs à ce coin du faubourg Saint-Germain, et gardant une tradition de vieille France dans le cintre de son portail à heurtoir, de sa large rampe de pierre. Raverand arrivait du Palais, et fit entrer la comtesse immédiatement, sans passer par le salon où la clientèle attendait, aussi nombreuse et impatiente qu'a la consultation d'un médecin à la mode.

« Qu'y a-t-il, chère enfant?... pas de malheur?...

— Non... du moins, pas à moi... Mais à quelqu'un que j'aime bien... »

Elle présenta Mme Ebsen, que l'avocat interrogeait muettement, du noir de ses yeux aigus et fouilleurs. La pauve mère était très émue. Ce grand cabinet, ce silence, cette tête d'homme de loi sérieuse et fine sous la lampe... Ah! misère, tant d'histoires pour une chose si juste, si simple, ravoir sa fille qu'on lui avait prise.

« Voyons l'affaire... » dit Raverand, et comme un peu de surdité restait à Mme Ebsen de sa congestion, il répéta plus fort : « Voyons l'affaire... »

Elle commença son récit; mais la colère, l'indignation l'étranglaient. Tous les mots voulaient sortir à la fois dans toutes les langues qu'elle savait, en danois, en allemand, d'une expression plus familière à son cœur ; et l'effort que lui coûtait son français, les « ch » du Nord sifflant malgré elle entre ses lèvres, faisaient plus incohérente et haletante encore cette invraisemblable histoire qu'elle attaquait par tous les bouts... Sa petite Lina si *chandille*... ch... ch... ch... Elle n'avait que ça au monde... Et grand'mère, la présidente, l'horloge électrique, les prières à trois sous, les boissons qu'on donnait à sa petite... ch... ch... ch... vous comprenez...

« Pas trop !... » murmurait l'avocat. Léonie voulait parler, il l'arrêta : « Voyons, madame... votre fille est partie de chez vous?

— Non, non... pas partie... Ils me l'ont prise, volée... son cœur, toute mon enfant.

— Comment cela ?... Quand?... »

Il lui tirait les renseignements un par un, se faisait réciter la terrible lettre gravée dans la mémoire de la mère, comme par un mordant indestructible... *Ta fille toute dévouée, Eline Ebsen...*

« Et depuis son départ, avez-vous reçu d'autres lettres ?

— Deux, monsieur... Une de Londres, la dernière de Zurich... Mais elle n'est ni là, ni là...

— Montrez-moi cette lettre de Zurich... »

Elle sortit de sa poche son dé, ses lunettes, un portrait de sa fille qui ne la quittait plus, puis la lettre qu'elle dépliait de ses gros doigts tremblants et passait à l'avocat. Il la lut à haute voix, lentement, pour en chercher la pensée intime ; car cette malheureuse femme commençait à l'intéresser.

« *Ma chère mère, comme je tiens essentiellement à te donner de mes nouvelles, je ne veux pas tarder plus longtemps à t'écrire. Mais j'ai été profondément peinée d'apprendre combien tu crains peu par tes détours et tes mensonges...* »

Mme Ebsen sanglotait.

« *Combien tu crains peu d'accuser injustement des personnes qui ne nous ont fait que du bien. Tu me mets ainsi dans l'impossibilité de te dire où le service de Dieu m'a envoyée et de t'exprimer tout le respect de ta fille bien affectionnée en Jésus.* — ÉLINE EBSEN. »

Après un silence : « Névrose religieuse... dit Raverand d'une voix grave... C'est Bouchereau qui soigne ça... »

Névrose, Bouchereau, des mots vides de sens pour la mère ; mais elle savait bien que sans les poisons qu'on lui faisait boire, jamais son enfant chérie ne lui aurait écrit une lettre pareille. Et surprenant le sourire incrédule de l'avocat, elle retourna ses poches encore une fois, lui tendit un papier tout chargé de formules chimiques, de noms d'alcaloïdes, *hyoxia-*

nine, atropine, strychnine, et portant le timbre d'une des premières pharmacies de Paris. Depuis le départ d'Eline, elle avait trouvé dans ses tiroirs une boîte de pilules et un petit flacon contenant à l'analyse un extrait de belladone et une décoction de fèves de Saint-Ignace, stupéfiants et tétaniques, de quoi troubler le cerveau ou l'anéantir.

« Diable !... fit Raverand... En 1880 !... C'est vif... Quel âge a votre fille ? » ajouta-t-il dressé dans son fauteuil, sa petite tête en avant, flairant l'affaire, avec l'allonge aplatie d'un furet à l'entrée du terrier.

« Vingt ans tout à l'heure... » dit la mère d'un accent désespéré que ce mot splendide, cette fête, vingt ans, rendaient plus lamentable encore. Le vieux praticien pensa tout haut :

« C'est une belle cause... »

Leonie d'Arlot triomphait :

« Et cette femme n'en est pas à son premier crime... Nous aurons d'autres victimes à montrer, d'autres mères plus malheureuses encore que celle-là...

— Qui est-ce ?... Le nom de la dame... » demanda Raverand qui se montait. Mme Ebsen ouvrit de grands yeux, stupéfaite qu'il ne devinât pas. Et Léonie :

« Mais c'est madame Autheman... »

Le geste de l'avocat retomba découragé.

« Oh ! alors... »

Sa tenue d'ancien bâtonnier l'empêcha d'achever sa phrase ; mais le fond de sa pensée était bien qu'il n'y avait rien à faire. Il s'agissait au contraire de détourner la pauvre femme d'un procès dangereux et inutile. Les Autheman étaient trop forts, hors de toute atteinte, comme réputation, moralité, fortune. Il fallait ruser, patienter... D'abord, si l'on plaidait, au cours de l'instance Eline serait majeure ; et naturellement...

« Il n'y a donc pas de justice ! » dit Mme Ebsen, retrouvant l'intonation désolée de la paysanne de Petit-Port, dont le deuil se dressait en face de son désespoir. Raverand, à qui l'on venait de passer une carte, s'était levé :

« Peut-être par un mot du garde des sceaux, une enquête officieuse, pourrait-on savoir où est la jeune fille... Mais comment décider le ministre à une démarche aussi délicate ?... à moins que... vous êtes étrangère, Danoise ?... Voyez donc votre consul. »

Puis tout bas à la comtesse, en les reconduisant :

« Après tout, son enfant n'est pas malheureuse.

— Non, mais elle.

— Elle, c'est une mère... toutes les mères sont des martyres... » Il changea de ton. « Et chez vous ?... comment va votre mari ?...

— Je n'en sais rien...

— Toujours implacable ?

— Oui...

— Il se range pourtant... Le voilà homme politique... Son dernier discours à la Chambre...

— Adieu, mon ami... »

En voiture, la mère dit: « j'ai froid... » ses dents claquaient. « Vous me reconduisez, Léonie ?...

— Mais non... mais non... Nous allons d'abord chez ce consul... Où est-ce ?

— Faubourg Poissonnière... M. Desnos. »

Desnos, grand fabricant de meubles, faisait venir ses bois de Norwège et du Danemark, et dans l'intérêt de son commerce avait recherché ce poste de consul. D'ailleurs, ignorant tout du pays qu'il représentait, les mœurs, la langue, et jusqu'à la position géographique. Les bureaux se trouvaient à droite d'une cour eclairée par les vitres d'un immense atelier tenant tout le fond et remplissant l'air d'un fracas de marteaux, de scies, de tours, que soutenait la basse vibrante d'une machine à vapeur. La même activité à l'intérieur, trahie seulement par le grincement des plumes, le deplacement des lourds folios de commerce, le crépitement du gaz au-dessus des fronts courbés.

Ici comme chez l'avocat, le nom du comte d'Arlot abregea l'attente ; et Desnos reçut tout de suite ces dames dans son cabinet cossu et vaste, séparé de l'atelier de dessin par une porte vitrée qui laissait voir des rangées d'hommes en blouse assis ou debout, travaillant en silence.

« Est-ce allumé là-haut ? » demanda le fabricant, s'imaginant que ces dames venaient pour un mobilier. Quand il sut qu'on n'avait à faire qu'au consul, son sourire se figea, sa figure de parisien bon enfant devint sérieuse. « Pour le consulat, c'est de deux à quatre... Enfin, puisque vous voilà, mesdames... » Les mains croisées sur son gilet, confortable et rempli, de notable commerçant, il écoutait au bruit lointain de sa machine à vapeur qui faisait trembler le plancher et les vitres.

Eh! bon Dieu, que lui racontait-on là ? Poison, détournement, mais c'est à l'Ambigu qu'il fallait porter ça. En plein Paris, avec un téléphone chez soi, des ateliers éclairés à la lampe Edison, comment croire à une aventure pareille? Tout à coup au milieu du récit alterné que lui faisaient les deux femmes, car Mme Ebsen était si troublée que la comtesse avait dû lui venir en aide, Desnos se leva, indigné. Il ne pouvait en entendre davantage. Autheman était son banquier... La maison la plus riche, la plus sûre; l'honorabilité la plus intacte. Jamais de telles infamies n'avaient pu se passer chez Autheman. « Croyez-moi, madame... il s'adres-

sait tout le temps à la comtesse, comme si
l'autre ne méritait pas qu'un notable s'occupât
d'elle... Ne vous faites pas l'écho de calomnies
semblables. L'honneur des Autheman, c'est
l'honneur du commerce parisien tout entier. »

Il salua. Le temps est précieux dans les
affaires, surtout vers la fin des journées et des
semaines. Du reste, toujours à la disposition
de Mme la comtesse. Pour le consulat, de deux
à quatre. Demander le secrétaire, M. Dahre-
lupe.

Les ateliers grondaient dans la cour noire.
Des camions, des voitures à bras roulaient
lourdement sur le pavé vibrant comme un
tremplin, pendant que les deux femmes
essayaient de regagner leur coupé. Mme Ebsen
parlait en gesticulant au milieu du vacarme :
« Eh bien ! moi toute seule, puisque tout le
monde a peur !... » Des ouvriers déchargeant
des bois la bousculèrent. Elle voulut s'écarter,
frôla la roue d'un camion, et sourde, lourde,
maladroite, effarée, poussait des petits cris
d'enfant, quand Léonie vint la prendre par
la main, songeant à ce que deviendrait la
pauvre créature, si on la laissait se débattre
toute seule dans son malheur. Non, elle ne
l'abandonnerait pas. On aurait cette enquête
dont parlait Raverand ; dès le lendemain
M. d'Arlot verrait le ministre... « Oh ! vous
êtes bonne, ma petite, » et dans la nuit de la

voiture les larmes de la mère lui brûlaient ses gants.

C'était un vrai sacrifice que Léonie d'Arlot faisait à sa vieille amie, de s'adresser pour elle à son mari, un étranger du même toit, à qui rien de l'intime de sa vie ne devait plus être connu. Elle y pensait en revenant de la rue du Val-de-Grâce et se rappelait à mesure les détails sinistres de sa rancune, toujours saignante, comme si elle datait d'hier ; cette petite mariée toute rose dans sa robe de visite, son rire ingénu, ses confidences tout bas comme à une grande sœur, puis « je vais voir mon oncle... » et comme ils tardaient à revenir, elle, brusquement avertie d'un coup au cœur, surprenant l'adultère entre deux portes, ignoble et bas comme un voleur dont il avait les bégaiements, la sueur pâle, les mains interdites et tremblantes.

Quelle existence son mari avait-il eue après cela ? Quel effort tenté pour conquérir son pardon ? Toujours au cercle ou chez les filles. Depuis six mois seulement, fatigué de sa maîtresse, une vieille actrice qui tenait un magasin de bibelots avenue de l'Opéra avec une arrière-boutique pour l'amour, il s'était jeté dans la politique, encore un magasin de bibelots à dessous de saletés et de trahisons ; et maintenant voilà que son foyer le tentait, lui devenait nécessaire pour grouper ses amis, ses

influences, et sans oser le demander, il aurait
bien voulu que sa femme se remît à recevoir,
a sortir, qu'on oubliât le passé... Non, non,
pas cela. Jamais. Séparés jusqu'à la mort!...

Après ce serment de colère, elle s'interrogeait, regardait son ennui, le vide navrant de
ses journées que les offices religieux ne suffisaient plus à remplir, ni la course aux prêches
célèbres, ni les longues stations désheurées sur
les tapis de Sainte-Clotilde. Son enfant était
là pour la garder d'une faute; mais ne pas
faire le mal, est-ce assez dans la vie?... « Ah!
Raverand a raison... Je suis implacable... »

Elle l'était moins pourtant depuis quelques
heures, comme si ces larmes de mère l'avaient
attendrie, humanisée à leur chaleur vivante;
en tout cas le drame des Ebsen l'agitait, la tirait de cette torpeur mystique où elle n'entrevoyait comme but et délivrance que la mort.

« Monsieur le comte est au salon avec mademoiselle... »

Pour la première fois depuis longtemps, le
salon de l'hôtel était allumé, et devant le piano
droit grand ouvert la petite fille, haut assise et
surveillée par le profil moutonnier de sa vieille
institutrice, jouait un morceau d'étude. M. le
comte regardait les petits doigts de son enfant
s'écarteler sur les touches, approuvait en mesure, toute cette scène intime prise dans le cercle lumineux d'une grosse lampe à abat-jour.

« Un peu de musique avant le dîner... » dit
le mari saluant avec un demi-sourire qui fronça
sa barbe blonde et courte, grise par places, et
son grand nez de viveur que la tribune par-
lementaire allait tourner au bénisseur et au
majestueux.

Elle, dans le trouble où la mettait ce semblant
d'intérieur retrouvé, s'excusa d'être en retard,
commença des explications, et tout à coup :

« J'ai quelque chose à vous demander,
Henri. »

Henri!... Des années qu'il n'avait entendu
ce nom-là ; car, avenue de l'Opéra, M. le comte
s'appelait Biquette. L'institutrice emmena l'enfant ; et, tout en se dégantant, en dénouant
son chapeau qu'emportait la femme de chambre, Léonie racontait ses démarches pour
Mme Ebsen, l'horrible peur que ce nom d'Autheman leur faisait à tous, le conseil de Raverand de s'adresser au garde des sceaux. Elle
était debout devant la cheminée, svelte et charmante, dans l'animation de sa journée et les
reflets roses de la flamme où elle chauffait l'un
après l'autre ses pieds cambrés et minces ;
mais ce qu'elle demandait, cette parole au ministre offrait bien des difficultés en ce moment.
On était en guerre, et pas pour rire. Les décrets, la loi sur la magistrature... Elle fit un
pas, rapprocha ses jolis yeux d'or vert : « Je
vous en prie...

— Tout ce que vous voudrez, ma chère. »

Il eut un elan pour l'étreindre, la mettre contre son cœur, quand par la porte violemment ouverte une voix d'automate annonça que Mme la comtesse était servie. Henri d'Arlot prit le bras de sa femme; et passant dans la salle à manger d'où les épiait la petite mine intriguée de l'enfant deja à table, il crut sentir ce bras souple et rond s'appuyer et trembler un peu.

Ce fut le seul résultat des démarches de Mme Ebsen.

XIV

DERNIÈRE LETTRE

« L'ORGUEIL, il n'y a que l'orgueil de vivant chez cette femme... ni cœur ni entrailles... La peste anglicane a tout dévoré... Aussi dure et gelée... Tiens ! ce marbre... »

Le vieux doyen, assis devant la cheminée, frappa violemment le manteau du foyer avec les pincettes, que Bonne sans rien dire lui retira des mains. Il ne s'en aperçut pas, tant il était animé, et continua le récit de sa visite à l'hôtel Autheman :

« Je l'ai raisonnée, priée, menacée... Je n'ai

rien obtenu que des phrases de sermon, la tiédeur de la foi, l'utilité des grands exemples...
C'est qu'elle parle bien, la mâtine... Trop de patois de Chanaan... Mais éloquente, convaincue... Je ne m'étonne pas qu'elle ait troublé cette petite tête... Vois ce qu'elle a fait de Crouzat... Ah ! je lui ai dit tout ce que je pensais d'elle, par exemple ! »

Il s'était levé, marchait à grands pas...

« Enfin, qui êtes-vous, madame ?... Au nom de quelle autorité parlez-vous ?... Dieu ?... Ce n'est pas Dieu qui vous mène... Je ne vois que vous dans vos actes, votre âme méchante et froide qui en veut je ne sais de quoi à la vie et semble avoir toujours quelque chose à venger.

— Le mari était là ?... demanda la petite vieille épouvantée... Et il ne disait rien ?...

— Pas un mot... Seulement son sourire de travers et cet œil qui vous brûle comme une lentille au soleil...

— Mais assieds-toi donc... Es tu dans un état !... »

Debout derrière la chaise où se reposait enfin son grand homme, Mme Aussandon lui essuyait le front, un front de pensée, large et plein, lui ôtait son foulard de cou qu'il avait gardé en rentrant.

« Tu t'excites trop, voyons...

— Comment veux-tu ?... Un si grand malheur, une telle injustice... Il me fait pitié, ce pauvre Lorie.

— Oh ! celui-là... » dit-elle avec le geste de sa rancune contre l'homme qu'on avait un moment préféré à son fils.

« Mais la mère !... Cette mère qui ne peut pas même savoir où est son enfant... Te vois-tu, toi, en face de cette femme et de son silence que la lâcheté des hommes autorise?... Que ferais-tu?

— Moi? Je lui mangerais la tête... »

Ce fut dit, envoyé avec un si terrible coup de mâchoire en avant, que le doyen se mit à rire, et encouragé par la colère de sa femme :

« Oh! mais, ils n'ont pas fini avec moi... Rien ne m'empêchera de parler, de les denoncer à la conscience publique... Quand je devrais y perdre ma place... »

Un mot malheureux, et qui tout à coup rappelait la ménagère au sérieux de la circonstance. Ah! non, minute. Du moment que sa place etait en jeu...

« Tu vas me faire le plaisir de rester tranquille... tu m'entends, Albert?

— Bonne... Bonne... » supplia le pauvre Albert. Bonne ne voulait rien écouter. Encore on serait seuls, on risquerait la partie. Mais il y avait les garçons, Louis qui allait passer sous-chef, la perception de Frederic, le major porté pour la croix... Puissants comme ils étaient, ces gens-là n'auraient qu'un signe à faire...

« Et mon devoir?... murmura le doyen qui faiblissait.

— Tu l'as fait, ton devoir, et au delà... Crois-tu que les Autheman te pardonnent jamais tes duretés d'aujourd'hui... écoute... »

Elle lui prit les mains et le raisonna. Est-ce qu'il serait content à son âge de courir encore les mariages, les enterrements?... Il disait toujours : en haut de la côte... en haut de la côte... Mais il devait bien se rappeler le mal qu'on avait eu à la monter. Et à soixante quinze ans, dégringoler sur les genoux, ça serait dur.

« Bonne... »

C'était la dernière résistance pour l'honneur, car les raisonnements de sa femme venaient confirmer ceux de ses collègues, tout à l'heure à la Faculté, pendant qu'ils se promenaient autour du petit préau rectangulaire, moins triste et moins froid que l'implacable égoïsme humain. Eh ! oui, cette idée de remonter la côte avec ses vieilles jambes l'épouvantait, surtout la perspective des scènes, des cyclones effroyables que lui vaudrait dans son intérieur le coup d'audace qu'il méditait après sa visite aux Autheman. Mais quelle défaite donner à la pauvre mère ? Elle était venue à lui si confiante, n'ayant d'autre appui que le sien dans la platitude universelle. Et voilà qu'il se dérobait comme les autres, obligé de fuir cette grande douleur ou de la leurrer de promesses vagues et menteuses : « Attendez... ce n'est qu'une crise... Dieu ne permettra pas... » Ah! le brave doyen des hypocrites et des lâches.

Dès ce jour, plus de repos ni d'heureux travail en haut de la côte pour le vieil Aussandon. Le remords, ce gêneur sinistre, s'installait à sa table, le suivait partout, remontant avec lui le sordide faubourg Saint-Jacques, l'attendant au coin du boulevard Arago à la sortie de ses cours; et même, le pasteur n'osait plus venir dans son jardin, quoique ce fût le temps des semailles nouvelles, parce que là son remords prenait une forme visible, la figure pâle, les yeux rougis de la mère qui guettait à sa vitre ce que la religion pourrait bien faire pour celle à qui la religion avait tout pris.

Elle s'aperçut vite que celui-là aussi l'abandonnait, et ne s'en étonna pas, tous ses amis agissant de même. La peur lui enlevait les uns, la pitié les autres, parce qu'ils ne pouvaient rien pour elle et souffraient de son chagrin inutilement. Sans compter les sceptiques à qui cette aventure d'Anne Radcliffe paraissait improbable dans la lumière du Paris moderne et qui hochaient la tête, presque soupçonneux : « Qui sait ce que cache tout cela? »

Oui, Paris est lumineux, remué de progrès et d'idées généreuses, mais bien léger, bien en surface. Les aventures s'y précipitent sur une lame courte et brusque comme celle de la Méditerranée, recouvrant la lame suivante de debris aussitôt submergés. Rien de profond, rien de durable. « Pauvre madame Ebsen!... Ah! c'est affreux... » Mais l'incendie des magasins de l'*Univers*, la femme coupée en morceaux et retrouvée dans un numéro du *Temps* où elle tenait à l'aise, le suicide des deux petites Cazarès avaient vite des droits plus récents à la compassion. La seule maison où l'on eût continué à l'accueillir d'une bienveillance infatigable, mêlée à beaucoup de reconnaissance personnelle, l'hôtel de la rue Vezelay se fermait subitement, le comte et la comtesse d'Arlot partant pour Nice avec leur enfant, après avoir obtenu la communication d'un rapport confidentiel sur l'enquête du parquet de Corbeil.

A ce rapport encore plus vertement, plus spirituellement enlevé que celui sur l'affaire Damour et donnant une description très détaillée du château, des écoles, de la retraite, étaient joints les noms des ouvrières — les *euvrières*, comme disait le jeune Nicolas — domiciliées actuellement à Port-Sauveur.

Sophie Chalmette, 36 ans, née à La Rochelle.
Marie Souchotte, 20 ans, Petit-Port.
Bastienne Gelinot, 18 ans, Athis-Mons.
Louise Braun, 27 ans, Berne.

Catherine Looth, 32 ans, États-Unis.

Quant à Eline Ebsen, elle voyageait pour l'*OEuvre* en Suisse, en Allemagne, en Angleterre, sans résidence fixe, et correspondait avec sa mère très exactement.

Depuis quelque temps, en effet, grâce au pasteur Birk, Mme Ebsen pouvait écrire à sa fille, mais à tâtons, les adresses remplies à Port-Sauveur. D'abord furieuses et désespérées, mêlées d'appels déchirants, d'injures, de menaces même contre les banquiers, les lettres de la mère se modifièrent vite sur le refus d'Eline de répondre à ces outrages contre des amis respectés et dignes d'estime. Dès lors la plainte maternelle se fit plus humble, plus timide, s'en tenant à des tableaux de son existence solitaire et désolée, qui ne parvenaient pas à attendrir le ton résolu et froid de la jeune fille, impersonnel comme son écriture figée désormais en une longue et régulière anglaise, sans pleins ni déliés : des nouvelles de sa santé, des phrases exaltées et vagues sur le service de Dieu, et toujours quelque invocation mystique, d'affectueux sentiments en Jésus remplaçant l'effusion, le baiser final.

Rien de plus singulier que ce dialogue épistolaire, ce contraste du jargon prédicant, méthodiste, avec l'accent des tendresses naturelles ; la terre et le ciel communiquaient, mais à trop grande distance pour se comprendre, les fibres

sensitives rompues et flottantes dans le vide.
La mère écrivait : *Mon enfant chérie, où es-tu ?
que fais-tu ? moi, je pense à toi et je pleure... Hier
c'était le jour des morts ; je suis allée là-bas et j'ai
fait sur la tombe de grand'mère un petit bouquet que
je t'envoie...*

L'enfant répondait : *Je te remercie de ton souvenir ; mais il m'est encore plus doux de posséder un
Sauveur vivant pour l'éternité que ces fleurs misérables. C'est auprès de ce Dieu, chère mère, que je
désire ardemment que tu trouves le pardon, la paix
et la consolation qu'il te veut si gratuitement dispenser...*

Et malgré tout, c'étaient, ces lettres désolantes et glacées, ce que la mère avait de meilleur ; elle n'essuyait ses larmes que pour les
lire, et trouvait dans leur attente, dans le premier espoir de l'enveloppe ouverte en tremblant, le courage de vivre encore, de résister
aux résolutions suprêmes, aux coups de tête
que le bon M. Birk redoutait tant pour sa
« pauvre amie, » comme d'aller attendre la
voiture de Mme Autheman à sa porte, s'accrocher après, crier sous les roues : « Mon enfant ?... où est mon enfant ?... » ou bien de
partir pour Londres, Bâle, Zurich, faire son
enquête elle-même, ainsi qu'on le lui avait
conseillé au bureau des recherches.

« Pauvre amie, pauvre amie... Mais vous n'y
songez pas... » Ce serait la ruine, ces voyages,

et dans une pareille incertitude ; plus dangereux encore un coup de violence à Paris, qui l'exposerait à la prison ou quelque chose de pis. Birk ne disait pas quoi, mais le mystère de ses gros yeux et des pointes levées de sa barbe d'apôtre exprimait une épouvante communicative. Et lui prenant les mains entre ses mains lourdes et moites qui sentaient la pommade de ses longs cheveux dont il surveillait toujours les rouleaux, il l'apaisait, l'endormait : « Laissez-moi faire... Je suis là, je n'y reste que pour vous... Fiez-vous à moi... votre enfant vous sera rendue... »

Comme on se trompe sur les gens ! Cet homme qui lui déplaisait tant, dont elle se méfiait, mise en garde par ses mines doucereuses, ses manœuvres de chasseur de dot, celui-là seul ne l'abandonnait pas, venait la voir, se tenait au courant de sa vie, de ses démarches ; même il l'invitait à manger le *Risengroed* national, dans son coquet appartement de garçon, soigné, embelli des cadeaux de ses devotes. Et chaque fois, en la reconduisant : « Il faut vous distraire, pauvre amie... »

Mais le moyen de se distraire avec cette angoisse obsédante, cette idée fixe que tout ravivait ? Eline en partant n'avait emporté ni vêtements, ni linge, la maison restait pleine d'elle ; et de l'armoire, du tiroir ouvert, le léger parfum dont elle avait l'habitude, la moindre fantaisie de toilette donnait à la mère une expression vivante de son enfant. Il restait encore sur la table le long cahier vert dans lequel la jeune fille chaque soir inscrivait leur petite dépense en face des leçons à toucher. Ce cahier ordonné, soigné, aux lignes de chiffres régulières, racontait l'enfant jour par jour, sa vie honnête et courageuse, si serrée de travail, si occupée du bien-être des autres... *Un manteau pour Fanny... Prêté à Henriette...* Le jour de Sainte-Élisabeth, la fête de Mme Ebsen, à côté de *bouquets et surprise* une ligne enfantine et tendre suivait en marge : *J'aime ma chère maman.*

Un vrai livre de raison comme il s'en conservait autrefois dans les familles et que le vieux Montaigne trouvait « si plaisants à voir, très à propos pour nous ôter de la peine... » Ici, au contraire, la peine s'aggravait de cette lecture; et quand, le soir, Mme Ebsen feuilletait le cahier vert avec Lorie, des larmes gonflaient leurs yeux et ils n'osaient pas se regarder.

C'était presque un second veuvage qui venait de le frapper, ce pauvre Lorie, un deuil qu'il ne portait pas, mais plus cruel peut-être que l'autre, mêlé de l'humiliation de n'avoir su occuper ce cœur de jeune fille, si calme en apparence, avide en réalité d'une passion qu'il était allé chercher plus haut. Le départ d'Eline, sans qu'il se l'avouât, calmait sa blessure d'amour-propre; il n'était pas le seul abandonné, et rapprochés par la douleur commune, la mère et lui reprenaient leurs relations affectueuses. En rentrant du bureau, il montait chercher des nouvelles, passait de longues heures à l'angle de la cheminée, à écouter cette histoire toujours la même ramenant avec les mêmes phrases les mêmes explosions de sanglots, et dans le calme du petit salon, l'immuabilité des choses autour d'eux, le silence de la rue coupé des clameurs du boulevard, instinctivement il cherchait Eline et grand'mère à leur coin favori, ce coin que le rire clair de sa fillette avait longtemps égayé et où s'amassaient maintenant l'ombre et l'oubli, tout ce qui suit la mort et les départs.

Seule dans la journée, Mᵐᵉ Ebsen ne restait pas chez elle; et sitôt son petit ménage fini, elle s'échappait, allait voir quelques amis, ses anciennes *verdures* du dimanche, dont la placidité ne se lassait pas d'entendre raconter l'enlèvement et les fêves de Saint-Ignace. Puis, toujours tourmentée de cette agitation qui accompagne l'idée fixe, comme si le corps se chargeait de rétablir l'équilibre normal de l'être, elle partait au hasard à travers les rues, devenait un de ces innombrables errants de la flânerie parisienne qui s'arrêtent à tous les attroupements, à toutes les devantures, s'accoudent aux parapets des ponts, avec le même regard indifferent pour l'eau qui coule, l'omnibus renversé, l'etalage des modes nouvelles. Qui sait combien d'inventeurs, de poètes, de passionnés, de criminels ou de fous parmi ces gens qui vont ainsi devant eux pour fuir le remords ou suivre la chimère ! Somnambules d'une idee, solitaires dans les plus grandes foules, ces flâneurs-là sont les plus occupés des hommes et rien ne les distrait, ni le nuage qu'ils fixent, ni le passant coudoyé, ni le livre feuilleté les yeux ailleurs.

Dans ses courses errantes à travers Paris, Mme Ebsen revenait toujours au même point, l'hôtel Autheman où elle avait d'abord essayé de s'introduire, de quêter quelques renseignements des domestiques. Mais il lui manquait pour éclaircir l'impassibilité de ces faces de mercenaires, l'indispensable reflet du pourboire. Maintenant elle se contentait de rôder, attirée par un instinct, même avec la certitude que sa fille n'etait plus en France; et s'installant pendant des heures le long de la palissade d'un terrain vague qui faisait face à l'hôtel, elle regardait, tout au fond de la cour, les hautes murailles noires, les fenêtres inégales dans leurs chapiteaux sculptés. Des voitures stationnaient a la porte, du monde entrait, sortait, des portefeuilles à chaînes d'acier, des dos chargés de sacs d'ecus. Sur le grand perron s'attardaient des figures graves. Tout cela sans embarras, sans bruit ; rien qu'un tintement doux et continuel d'argent manié, un murmure argentin, voilé, comme d'une source invisible, inoffensive, qui s'alimentait du matin au soir, se repandait dans Paris, la France et le monde, devenait ce large fleuve impétueux aux remous redoutables qu'on appelait la fortune des Autheman, et qui effrayait les plus hauts, les plus forts, ébranlait les consciences les plus fermes, les mieux remblayées.

Parfois Mme Ebsen voyait s'ouvrir le grand portail devant les chevaux pie, le coupé marron, qu'elle eût reconnus même sans la silhouette autoritaire et cruelle qui filait en apparition sous la glace claire, lui donnait une seconde la tentation de quelque folie arrêtée par les menaces du pasteur Birk, la peur de la prison ou de cette autre chose terrible qu'il craignait de nommer. Et quand elle rentrait, exténuée de ces marches, de ces haltes, après être restée dehors le plus longtemps possible pour laisser à l'imprévu le temps d'arriver, avec quel battement de cœur, quelle angoisse asséchante elle demandait chaque fois : « il n'y a rien pour moi, mère Blot ?... » Ce qu'elle trouvait, hélas !... De loin en loin une lettre bien froide de sa « toute dévouée ; » mais jamais, jamais ce qu'elle espérait sans oser le dire.

Un jour pourtant, le coup de sonnette violent, bruyant, d'une main familière, lui donna un frisson de petite mort. Elle tremblait en ouvrant. Deux bras affectueux l'entourèrent aussitôt ; les fleurs d'un petit chapeau d'été, tout ruisselant de la neige qui tombait, mouillèrent sa joue... Henriette Briss !... Elle venait de quitter sa place à Copenhague chez l'ambassadeur de Russie... D'excellentes gens, mais si vulgaires... Puis elle n'en pouvait plus d'être si longtemps loin de Paris, malgré tout ce que lui écrivait son ancienne supérieure du Sacré-Cœur qui prétendait que Paris pour elle c'était comme un rasoir dans la main d'un enfant de deux ans...

Tout en parlant, Henriette entrait dans le petit logis si connu, s'installait comme chez elle, sans remarquer — distraite et joyeuse — le visage désolé de la mère. Tout à coup elle se retourna, d'un de ses mouvements vifs de grande chèvre : « Et Lina ?... où est-elle ?... Elle va rentrer ?... »

Un sanglot lui répondit. Ah ! bien, oui, Lina. Plus de Lina... « Partie... volée... Ils me l'ont prise... Je suis seule... » Il fallut un moment à Henriette pour comprendre ; et même quand elle eut compris, elle ne pouvait croire que Lina si raisonnable, si pratique, avec sa grande affection pour les siens... Ah ! cette Jeanne Autheman s'y entendait à gouverner les âmes... et curieusement, pendant que la mère pleurait, elle regardait deux ou trois petits livres a tranches dorées, complices perfides de ce grand crime, restés sur la table comme des pièces à conviction.. *Heures du matin... Entretiens d'une âme chrétienne...* Non, vraiment, cette femme n'était pas la première venue. Sans le protestantisme, on aurait dit une sœur d'Antoinette Bourignon.

« Qui ça, Bourignon ? fit la mère en séchant ses yeux.

— Comment ! vous ne connaissez pas ? Une prophétesse du temps de Mme Guyon... Elle a écrit plus de vingt volumes...

— Qu'elle soit ce qu'elle ait voulu, dit Mme Ebsen gravement... Si celle-là aussi a fait pleurer les mères, ce n'était pas grand'chose de pon, et il vaut mieux n'en plus parler. »

Un instinct l'avertissait qu'Henriette n'était pas avec son chagrin et qu'elle n'osait exprimer tout ce qui gonflait sa lèvre, faisait briller ses prunelles pâles, frémir ses doigts osseux feuilletant les mystérieux petits livres.

« Pourriez-vous me prêter celui-ci ? demanda l'affolée du Sacré-Cœur, dévorée du désir de lire ces *Entretiens* pour en réfuter les hérésies.

— Oh ! prenez... emportez tout... »

Henriette l'embrassa avec transport, lui jeta en partant son adresse : Rue de Sèvres chez Magnabos, décorateur, des personnes très bien, un quartier de couvents... « Venez donc me voir... Ça vous distraira. . »

Cette visite, avec tous les bons souvenirs qu'elle évoquait des anciennes discussions où Lina se montrait si bonne, si sensée, fut pour Mᵐᵉ Ebsen une épreuve douloureuse, comme certaines dates commémoratives autrefois fêtées ou pleurées à deux, la *Juleafter* sans arbre de Noel ni *risengroed* cette année, l'anniversaire de la mort de grand'mère, le triste pèlerinage et le retour plus triste encore. N'était-ce pas en revenant l'an dernier du cimetière qu'Éline lui jurait « de l'aimer bien, de ne la quitter jamais? » Et sous l'impression de ce souvenir elle ecrivit à sa fille une lettre navrée, suppliante :

Au moins si je pouvais travailler, donner des leçons pour me distraire; mais le chagrin m'a bien affaiblie, j'ai les yeux brûlés et j'entends difficilement depuis ma maladie. L'argent s'épuise aussi; encore quelques mois, je n'en aurai plus, et alors que devenir? O ma petite chérie, je t'attends à genoux. Ce n'est plus ta mère qui te prie, c'est une vieille femme bien malheureuse...

La reponse fut une carte postale au timbre de Jersey, ouverte et lisible à tous :

Je suis profondément peinée, ma chère mere, des mauvaises nouvelles que tu me donnes de ta santé; mais je me console en songeant que ces épreuves te rapprochent de Dieu chaque jour. Quant à moi, c'est de ton salut éternel et du mien que je m'occupe. Il faut que je vive loin du monde et que je me garde du mal.

Cruauté des cruautés, ce témoignage à l'Évangile affranchi ! Ainsi plus d'intimité permise, plus de mots à l'oreille, de larmes inentendues. Ah ! les misérables, voilà ce qu'ils avaient fait de sa fille. *Je me garde du mal.* Sa mère était le mal.

« Allons, je n'écrirai plus… Elle est perdue pour moi… »

Et de sa grosse écriture, la mère mit en travers de l'adresse : *Dernière lettre de mon enfant.*

« Madame Ebsen !… Madame Ebsen !… »

On l'appelait du petit jardin. Elle essuya ses yeux, alla ouvrir la fenêtre en chancelant et vit M. Aussandon qui levait vers elle sa belle tête blanche toute fière.

« Je prêche dimanche à l'Oratoire… C'est pour vous… Venez, vous serez contente… »

Il salua, soulevant d'un doigt sa petite calotte, continua l'inspection de ses rosiers où pointaient des pousses vertes ; et l'on sentait bien que Mme Aussandon n'était pas au logis, à voir le vieux doyen dehors par ce temps aigre et pernicieux du commencement de mars.

XV

A L'ORATOIRE

Dans le vestiaire où s'habillent les prédicateurs au temple de l'Oratoire, deux petites pièces à grands placards, avec les chaises de paille, la table de bois blanc, le poêle en faïence d'un poste de douaniers, Aussandon entouré de pasteurs, de collègues à la Faculté, cause à mi-voix, serre des mains tendues, tandis qu'on entend les voitures rouler, s'arrêter aux deux perrons du temple, et comme un flot montant qui bat toutes les entrées, se répand dans les couloirs aux sombres murailles lézardées.

Le vieux doyen, prêt à paraître en chaire, a revêtu la robe noire, le rabat blanc, cette tenue sévère, plutôt de palais que d'église, allant bien au sacerdoce du ministre, considéré par la Réforme comme un simple avocat de Dieu. C'est bien aujourd'hui le rôle d'Aussandon, avocat, et même avocat général ; car les notes qu'il feuillette sur ce bout de table forment un terrible réquisitoire contre les Autheman. Cinq mois qu'il y songe et qu'il hésite, à cause des suites pour lui, pour les siens, et parce que Bonne est toujours à le surveiller.

Enfin, la vieille femme a été appelée à Commentry par la naissance d'un petit-fils ; et le doyen, voyant là une pitié de Dieu pour sa faiblesse de pauvre homme et le repos de sa conscience, s'est mis tout de suite à l'œuvre. Son discours prêt, achevé en deux soirs, — il y a si longtemps que ces idées bourdonnent dans sa tête à le rendre fou ! — il a prié un des prédicateurs inscrits à la porte de l'Oratoire de lui céder son dimanche ; et depuis huit jours, tout le Paris protestant se dispose à venir entendre l'illustre doyen faisant tonner une suprême fois, comme Bossuet à la profession de Mlle de La Vallière, « après un silence de tant d'années, cette voix que les chaires ne connaissaient plus. »

Et les voitures se succèdent, avec le fracas de portières, le piaffement luxueux des grandes livrées, et le murmure de la foule dans les corridors ne cesse pas, et à tout moment la porte du vestiaire s'entr'ouvre pour un diacre, un ancien, quelque membre du consistoire.

« Bonjour... Nous sommes là.

— Bonjour, bonjour, monsieur Arles.

— Je n'ai pas vu l'affiche... Sur quoi prêchez-vous?

— L'Évangile du jour... Le sermon sur la montagne.

— Vous allez vous croire à Mondardier, avec vos bûcherons.

— Non, non... C'est bien pour Paris que je parle... J'avais quelque chose à dire avant de mourir... »

Tout bas, près de lui, un de ses collègues à la Faculté de théologie murmure en s'en allant : « Prenez garde, Aussandon... »

Le doyen secoue la tête sans répondre; il connaît ces discours de prudence pour les avoir trop longtemps écoutés. N'est-il pas retourné encore une fois à l'hôtel Autheman, ne demandant qu'une chose à cette femme impitoyable, la résidence de Lina? Il se réservait d'aller chercher lui-même cette pauvre âme éperdue, de la rendre aux tendresses maternelles. Mme Autheman a toujours répondu : « Je ne sais pas... Dieu l'a prise... » Et devant la menace du pasteur de la dénoncer publiquement un jour de culte : « Faites, monsieur le doyen, nous irons vous entendre... »

Eh bien ! tu m'entendras, coquine. Et c'est sur un elan de colère qu'il monte à tâtons le petit escalier noir en vrille conduisant à la chaire, pousse une porte basse, entre dans la lumière et l'air de l'immense vaisseau.

La vieille église des oratoriens, cédée aux protestants par le Concordat, est le temple le plus vaste, le plus imposant de Paris. Les autres, les récents surtout, n'évoquent pas assez l'idée religieuse. Le temple aristocratique de la rue Roquépine, tout en rotonde, éclairé de haut sur ses murailles blanches, ressemble à la halle aux blés. La salle Saint-André, l'église des libéraux, avec ses larges tribunes en galeries, fait penser à un café-concert. L'Oratoire, lui, résume et symbolise tout le dogme de la Reforme et du pur Christianisme, cierges éteints, images absentes, grands murs nus portant seulement en cartouches des fragments de cantiques et de versets. — Dans le cintre des chapelles presque entièrement murées, on a réservé quelques tribunes, supprimé le chœur, mis l'orgue à la place de l'autel ; et toute la vie du temple se groupe devant la chaire, autour d'une longue table, à l'ordinaire couverte d'un tapis, les dimanches de communion chargée de corbeilles et de coupes en vermeil.

C'est le seul appareil religieux; et cette simplicité, agrandie de la hauteur des voûtes et du mystère des vitraux, devient solennelle quand l'Oratoire est plein comme aujourd'hui, noir de foule sur ses bancs, ses tribunes débordantes, et les marches irrégulières de ses entrées. Au-dessus de la porte principale, flambe en vitrail une croix énorme de la Légion d'honneur au large ruban de pourpre, souvenir du premier pasteur décoré après le Concordat, irradiée avec orgueil sur tout le temple, rosant les murs, les tuyaux de l'orgue, et les coupes de la communion au pied de la chaire, où tous les yeux cherchent le pasteur.

Invisible encore, blotti dans l'angle obscur, Aussandon laisse s'apaiser l'émotion qui bat sa poitrine à grands coups, chaque fois qu'il vient plaider la cause de Dieu. Avec cette faculté des orateurs et des comédiens de distinguer les visages dans la salle, il remarque l'absence d'Autheman au banc des anciens, mais rencontre juste en face de lui, et comme le point de mire naturel a son discours, la taille droite de la femme du banquier, sa petite tête pâle dont le regard volontaire le brûle magnétiquement à distance. Là-bas, dans la tribune, ce dos courbé, ce lourd empaquetage de voiles noirs, c'est la mère, fidèle au rendez-vous, émue, oh! si émue...

Elle sait qu'enfin l'heure de la justice a

sonné, que ce grand orateur est en chaire
pour elle; pour elle, toute cette foule de
riches, de glorieux, ces files de voitures à la
porte, et cette musique dont ses larmes suivent
la montée suave. Pour elle cet évangile que
commence le lecteur, et ces admirables versets
du *Sermon sur la montagne*, passant comme une
brise fraîche sur ses paupières brûlees... *Heureux ceux qui sont dans l'affliction, car ils seront
consolés... Heureux ceux qui ont faim et soif de
justice, car ils seront rassasiés...* Oh! *fui*, dans
l'affliction... Oh! *fui*, faim et soif de justice...
Et a chaque allusion de la Bible, elle presse la
main de Lorie, assis a côté d'elle et presque
aussi tremblant. Puis un chœur de femmes
entonne, soutenu par l'orgue, le psaume de
Marot

> *Seigneur, écoute mon bon droit;*
> *Entends ma voix quand je te crie...*

Et c'est l'appel de sa detresse qui monte vers
les hautes voûtes sur ces voix fraîches et jeunes
comme celle de son Eline.

Mais Aussandon vient de sortir de l'ombre;
et portant droit ses soixante-quinze ans, sa tête
puissante qu'eclaire le long rabat blanc sur la
robe de juge, il accentue d'une voix forte le
verset qu'il a pris pour texte : *Seigneur, Seigneur,
n'avons-nous pas prophétisé en ton nom, chassé les
démons en ton nom, accompli plusieurs miracles en*

ton nom ?... ensuite il commence très simplement, le ton baisse, l'homme parlant après Dieu.

« Mes frères, il y a trois cents ans, Pierre Ayrault, avocat au parlement de Paris, un savant et un sage, eut la douleur de perdre son fils unique, detourné par les Jésuites qui l'enrôlèrent dans leur ordre et plus jamais ne le laissèrent revoir aux siens. Le désespoir de ce père fut immense, si eloquent que le roi, le parlement, le pape même s'entremirent pour lui faire rendre son fils qui resta toujours introuvable. Pierre Ayrault ecrivit alors son beau traité de l'*Autorité paternelle*, puis se coucha et mourut, le cœur dechiré... A trois siècles de distance, des protestants, des chrétiens réformes viennent de renouveler cet abominable attentat... »

Ici l'aventure à grands traits, la disparition de l'enfant, l'incurable douleur de la mère. Oh ! celle-la n'a pas écrit de traité, elle n'a pas derangé les rois ni les parlements. C'est une de ces humbles dont parle l'Écriture, n'ayant que ses larmes et les donnant toujours et toujours, à flots...

Jusque-là, pas une allusion qui designe les coupables, aucune personnalité. On cherche, on doute encore. Mais quand il parle d'une femme au cœur impitoyable, s'abritant d'un nom respecté, d'une fortune colossale, chacun a compris l'attaque directe à Mme Autheman toujours le front levé vers l'orateur, sans qu'une rougeur monte à son teint de cire. La grande voix d'Aussandon tonne pourtant, et roule comme un orage de montagne répercuté par l'écho. Depuis longtemps le temple de l'Oratoire, habitué aux phrases arrondies, patinées, du cliché ecclésiastique, n'a entendu pareils accents hardis et simples, pareilles images de nature secouant dans la nef des aromes balsamiques, des murmures de frondaisons qui ramènent l'Écriture, le livre des nomades et du plein air, à sa grâce, à sa splendeur initiales.

Et de quel beau mépris il enveloppe sans la nommer l'Œuvre des Dames Évangelistes, et tous les pieux instituts du même genre, ce qu'il appelle les excroissances de l'arbre chrétien, les parasites qui le dévorent et l'étouffent! Pour que l'arbre conserve sa force et sa sève, il faut tailler en plein dans ces végétations ; et il taille, le vieux prêtre, il fait un abattage terrible des témoignages publics, des representations mystiques et extatiques, de ces séances d'*Aïssa-Ouas* non moins comiques mais plus feroces que les sabbats de cette « armée du Salut » qui couvre Paris d'affiches gigantesques, aposte au bord de nos trottoirs des jeunes filles vêtues de knikerbroker et distribuant la réclame pour Jésus feuille à feuille.

Et tout à coup, avec un geste large et superbe qui veut dépasser la chaire et le temple, déchirer les pierres de la voûte et le mystère des nuées :

« Dieu bon, Dieu de charité, de pitié, de justice, pasteur d'hommes et d'étoiles, vois quelle caricature ils font de ta divinité travestie sur leur image. Quoique tu les aies reniés et maudits du haut de ton sermon sur la montagne, l'orgueil des faux prophètes et des marchands de miracles commet toujours des crimes en ton nom. Leurs mensonges enveloppent d'un brouillard ta religion de lumière. C'est pourquoi ton vieux pasteur, chargé d'ans et déjà rentré dans la nuit où l'on se recueille et se tait, remonte en chaire aujourd'hui pour dénoncer ces attentats à la conscience chrétienne et faire entendre à nouveau ta malédiction : *Retirez-vous de moi, je ne vous ai jamais connus.* »

Les paroles du pasteur tombent dans ce silence attentif et saisi qui est l'applaudissement des assemblées religieuses. Partout, des yeux mouillés, des souffles battants, et la-haut, à son coin de tribune, la pauvre mère qui sanglote, la figure entre ses mains. Larmes apaisantes, cette fois, sans amertume ni brûlure. La voilà vengée, débarrassée surtout de l'angoisse, que Dieu pouvait être avec ces méchants. Non, non, il est pour elle, le Dieu de justice, il proteste, il commande. Il faudra bien qu'Eline l'écoute et revienne auprès de sa mère.

Maintenant le doyen, descendu de la chaire, se tient debout devant la longue table où le vin tremble dans les coupes entre les quatre corbeilles débordant de pain; et tandis qu'il récite les belles et simples prières qui précèdent la communion : *Ecoutez, mes frères, de quelle maniere Notre Seigneur Jésus-Christ a institué la Sainte Cene...* il tressaille en apercevant la femme du banquier, immobile et droite à son banc. Que fait-elle là, cette orgueilleuse, après ce qu'elle vient d'entendre? Pourquoi n'est-elle pas sortie, quand le pasteur a béni et prié de se retirer en *bon ordre* ceux qui ne communiaient pas? Aurait-elle vraiment l'audace?... Et soulignant à son intention le texte liturgique, il dit très haut : *Que chacun donc s'eprouve soi-même avant de boire de cette coupe et de manger de ce pain, car quiconque en mange et en boit indignement, mange et boit sa condamnation...*

Elle n'a pas bougé; et dans les files de têtes serrées, moutonnant jusqu'au fond du temple, Aussandon ne voit que celle-là, l'énigme de ce clair regard obstinement tourné vers lui. Pour la seconde fois, conformément au rite, il répète lentement, solennellement : *S'il en est parmi vous qui ne se repentent pas, et ne soient prêts à réparer le mal qu'ils ont fait à leur prochain, je leur déclare qu'ils doivent s'éloigner de cette table de peur de la profaner.*

Tous ces chrétiens sont sûrs d'eux-mêmes;

pas un qui frémisse et trouble l'imposante
immobilité de cette foule levée, attendant.
Alors le pasteur, d'une voix grave :

*Approchez-vous maintenant, mes frères, de la
table du Sauveur.*

Au rythme large et puissant de l'orgue, les
premiers rangs s'ébranlent, se déroulent, viennent se former en demi-cercle dans l'espace
vide autour de la table. Nul ordre hiérarchique,
le domestique à côté du maître, le chapeau
anglais des gouvernantes parmi les toilettes
aristocratiques ; un grand et froid spectacle
bien en rapport avec les murs nus, le vrai pain
des corbeilles, cette simplicité d'appareil plus
rapprochée de l'église primitive que des festins
catholiques sur la nappe brodée de symboles.

Après une courte oraison mentale, le pas-
teur, relevant la tête, voit Mme Autheman près
de lui, à sa droite. C'est par elle qu'il doit
commencer la communion ; et sa bouche
serrée, sa pâleur en défi disent assez qu'elle
vient là révoltée, non repentante, bravant celui
qui n'a pas craint de la dénoncer publiquement. Aussandon lui aussi est très pâle. Il a
rompu le pain, le tient au-dessus de la corbeille, pendant que l'orgue adouci s'éloigne
comme le flot à la marée descendante, laissant
entendre le murmure très distinct des paroles
consacrees :

Le pain que nous rompons est la communion au corps de Jésus-Christ Notre Seigneur...

Une petite main dégantée s'avance, frémissante. Il ne paraît pas la voir ; et tout bas, sans un mouvement, sans un regard.

« Où est Lina ? »

Pas de réponse.

« Où est Lina ?... » demande-t-il encore.

« Je ne sais pas... Dieu l'a prise... »

Alors, brutalement :

« Passez... vous êtes indigne... Il n'y a rien pour vous à la table du Seigneur... »

Tout le monde a entendu son cri, compris son geste. Pendant que la corbeille circule autour de la table de main en main, Jeanne Autheman, à peine interdite, orgueilleuse et droite sous l'outrage, disparaît entre les rangs qui s'écartent, moins émue certainement que le pasteur terrassé du contre-coup de son émotion. C'est à peine si le pauvre homme a la force de soulever la coupe ruisselant entre ses doigts ; et la communion finie, la table déchargée de l'en-cas pieux, sa voix s'étrangle en récitant la prière d'actions de grâce, ses vieilles mains qui tremblent ne peuvent s'assurer pour donner la bénédiction.

D'ordinaire, après le culte, la sacristie se remplit d'amis, de catéchumènes apportant leur enthousiasme au prédicateur. Aussandon est seul aujourd'hui dans cette vaste salle où trônent les portraits et les bustes des grands Reformateurs de l'Église; et ce qu'il vient de voir en traversant la foule, la gêne et le desaveu des visages donnent à son isolement une signification. Ce refus de communion est une chose si grave. Il a outrepassé son droit de pasteur, et cet abus de pouvoir lui coûtera cher. Dans un cas pareil, à Lyon, il y a quelques années, on a fermé le temple, destitué le ministre... Et tout en songeant ainsi tristement, le doyen regarde devant lui sur le mur de la sacristie une vieille et naïve gravure représentant un *pasteur du désert*, au temps des persécutions, tout un peuple à genoux, bourgeois, paysans, des enfants, des vieillards, et le prédicateur en robe noire dans sa petite guérite étroite et roulante, que gardent au fond des silhouettes faisant le guet.

Ce paysage de montagne, ces roches de basalte entre les châtaigniers au grand feuillage lui rappellent son pastorat dans le Mézenc au milieu des simples d'esprit... Eh bien! qu'on le destitue, qu'on lui refuse même une petite cure comme Mondardier, il ira coucher dans les huttes des charbonniers, fera le culte en plein ciel pour les troupeaux et leurs conducteurs...

Oui, mais Bonne!...

Il n'y avait pas encore songé... Bonne qui va revenir dans deux jours. Quelle scène !... Et lui, le doyen de l'Église, lui, le justicier de Dieu, qui n'a pas reculé devant la gravité de son acte et la vengeance des Autheman, il tremble à l'idée de la petite femme en colère, prépare déjà dans sa tête troublée la lettre qu'il lui écrira pour amortir le choc de l'arrivée.

Autour de lui, on marche dans la sacristie. Le gardien du temple et sa femme rangent les objets sacrés, font le ménage de Dieu, sans parler au pasteur, comme s'ils craignaient aussi de se compromettre. C'est toujours par les petits que l'on pressent les disgrâces... « Allons... » Il se lève péniblement, pour aller se déshabiller au vestiaire. Dans le temple désert plane une rumeur flottante, ce qu'une foule laisse derrière elle de vibrations diminuées, le balancement qui reste aux steamers quand la machine s'arrête et que l'hélice a cessé de battre. L'ombre gagne, les tribunes se découpent en noir, les lourds tapis qu'on étale entre la table sainte et le banc des diacres sont roulés, empilés ; et c'est sinistre cette toilette solitaire de l'église, comme un théâtre le rideau tombe.

Aussandon presse le pas, entre dans le vestiaire, et s'arrête au seuil, épouvanté. Sa femme est là. Elle a tout vu, tout entendu, et au bruit de la porte se précipite, la mâchoire avancée, le chapeau terriblement en bataille sur ses cheveux grisonnants.

« Bonne... » bégaie le pauvre doyen effondré. Elle ne lui en laisse pas chercher plus long :

« Ah! mon ami... mon cher mari... brave homme!... »

Et elle se jette dans ses bras en sanglotant.

« Comment! tu sais? »

Oui, oui, et il a bien fait, et cette voleuse d'enfants n'a que le châtiment qu'elle mérite.

Magie de la voix et des mots! C'est avec sa parole qu'il a retourné ce petit être tout d'intérêt, mais si maternel, frappé au point sensible.

« Bonne... Bonne... »

Trop ému pour pouvoir parler, il a pris la petite vieille contre son cœur, et l'étreint, l'engloutit dans les grands plis de sa robe noire.

Ah! ils peuvent bien le destituer, l'envoyer où ils voudront maintenant que Bonne est contente. Ensemble, ils remonteront la côte, durement, lentement, à tout petits pas de vieux, mais appuyés l'un contre l'autre, dans la force et la satisfaction du devoir.

XVI

LE BANC DE GABRIELLE

BIEN avant l'heure habituelle qui le ramenait du ministère, Lorie-Dufresne entrait, se précipitait chez Mme Ebsen. Sa pâleur, ses précautions en fermant la porte, saisirent la bonne femme.

« Qu'y a-t-il donc?

— Madame Ebsen, il faut vous cacher, partir... On va vous arrêter. »

Elle le regardait.

« Moi?... moi?... et pourquoi ça?... »

Lorie baissait la voix, comme épouvanté lui-

même des mots terribles qu'il articulait...
« folie... séquestration... placement d'office... »

« M'enfermer !... mais je ne suis pas folle...

— Il y a un certificat de Falconnet... je l'ai vu...

— Un certificat ?... Falconnet ?...

— Oui, l'aliéniste... Vous avez dîné avec lui...

— Moi ? J'ai dîné !... » Elle s'arrêta, poussa un cri. « Ah ! mon Dieu... »

Un jour chez Birk, ce vieux monsieur décoré, si poli, qui l'avait tant fait causer de Mme Autheman et des fèves de Saint-Ignace... Ah ! misérable Birk, voilà donc cette chose mystérieuse et terrible dont il la menaçait... Enfermée avec les folles, séquestrée comme le mari de cette femme, là-bas... Et tout à coup, prise d'une peur effroyable, une tremblante peur d'enfant poursuivi : « Mon ami, mon ami... défendez-moi, ne me laissez pas... »

Lorie la rassurait de son mieux. Certainement, non, il ne l'abandonnerait pas, et pour commencer, il allait l'emmener, la cacher chez une amie. Il avait pensé à Henriette Briss, toquée, mais obligeante. Pourvu qu'elle n'eût pas quitté Paris... Pendant qu'il envoyait chercher un fiacre, Mme Ebsen, éperdue comme dans un incendie, quand tout est rouge et que les vitres éclatent, ramassait quelques effets tirés des armoires, un peu d'argent, le portrait d'Eline, et ses lettres. Elle se hâtait, suffoquée, sans un mot. Sa terreur redoubla, lorsque la mère Blot, ramenant la voiture, raconta comment un individu était venu dans la matinée la questionner sur sa locataire, à quelle heure elle sortait, rentrait... Lorie l'interrompit :

« Si cet homme revient, vous direz que madame est partie pour un petit voyage...

— Ah! vraiment... » et voyant l'agitation de Mᵐᵉ Ebsen, ce paquet mal noué sur le plancher, la vieille concierge demandait tout bas : « Elle va donc retrouver sa fille? »

Lorie, enchanté du prétexte, fit signe que oui, un doigt sur les lèvres. Dans la rue, craignant d'être filé, — car l'ancien sous-préfet était rompu aux façons policières, — il cria au cocher : « Gare de l'Est.. » Celui-ci, avec la lenteur à s'ébranler d'un cocher qui va faire une longue route, se cala, amorça son fouet, sans égards pour l'impatience de Mᵐᵉ Ebsen, rencoignée, son paquet sur les genoux, en face de Lorie, qui n'était pas moins impressionné qu'elle.

Il avait ses raisons pour cela. Le matin, pendant qu'à son bureau il découpait à grands ciseaux de tailleur les articles du jour sur son ministre, on était venu l'appeler chez Chemineau. Nul service au ministère de l'intérieur, ni dans aucun autre ministère, n'est aussi compliqué que celui de la Sûreté. Il en faut la du classement, du cartonnage pour tant d'attributions diverses... *Police des cultes... Surveillance des étrangers... Recherche des malfaiteurs... Autorisation des gravures... Réunions... Associations... Réfugiés... Gendarmerie...* C'est probablement à ses rapports avec MM. les gendarmes que Chemineau devait sa nouvelle physionomie : parler bref, moustaches en crocs, monocle vissé à l'œil. Lorie-Dufresne en resta tout saisi ; sa copie n'était plus ressemblante.

« Mauvaise affaire, mon bon, » lui dit le directeur, gardant la moitié des mots au cosmétique de sa moustache... « Oui, oui, savez bien... scandale de l'Oratoire... On vous a vu avec cette folle... »

Lorie protestait pour sa vieille amie, victime d'une des plus criantes injustices... L'autre lui coupa ses phrases brutalement :

« Folle, archi-folle, dangereuse... certificat médical... fourrer ça à la Ville-Évrard, et un peu raide... Pour Aussandon, décidément tombe en enfance, révocation à l'*Officiel* avant huit jours... Et vous-même, mon bon, sans nos relations déjà anciennes... »

Radouci par ce souvenir, Chemineau se plantait devant son cher ancien camarade et le grondait tout bas, dans les yeux. N'était-il pas bête, voyons ? S'attaquer à ce qu'il y a de plus solide à Paris, de plus haut, de plus intègre : la fortune des Autheman !... Et c'était lui, un

Seize-Mai, a qui son passé commandait la réserve... La leçon ne lui avait donc pas suffi, il voulait recommencer à crever la faim avec sa marmaille... Le malheureux Seize-Mai blêmissait à chaque mot. Il se voyait copiant des pièces de théâtre, et ne se reprit un peu que lorsque le directeur de la Sûreté l'eut congédié de cette phrase froide et nette : « Si vous bêtisez, je vous lâche !... »

Pendant le long trajet de la rue du Val-de-Grâce au logement d'Henriette rue de Sèvres, en passant par la gare de l'Est, Lorie racontait cette scène à son amie ; et le nouveau Chemineau l'avait tellement impressionné qu'il reproduisait involontairement tous ses mots, ses intonations cassantes et sifflantes. Il ne dit pas à Mme Ebsen « je vous lâche, » mais il lui répéta que ces gens étaient trop solides, qu'il ne fallait pas bêtiser. Elle n'en avait pas envie, la pauvre femme, écrasée, anéantie, tout au tremblement de cette effroyable pensée : enfermée avec les folles !

Ils arrivèrent chez Henriette comme le jour tombait, grimpèrent l'escalier d'une maison ouvrière, aux pierres molles, infiltrées d'une variété d'odeurs dont les seules avouables étaient la farine chaude montant d'une boulangerie, la peinture et la résine qu'exhalait au second étage une porte sur laquelle on lisait :

MAGNABOS. — Décorateur.

Une femme à tournure jeunette dans un grand tablier d'écolière, le front bandé d'une compresse d'eau sedative, vint leur ouvrir, sa palette d'une main, son couteau à dorer de l'autre : « M`lle` Briss?... C'est ici... Elle remonte. Elle est allée chercher son dîner. » Un filet de jour glissait dans l'antichambre, par la porte entr'ouverte d'un long atelier, où des centaines de petites statuettes éclataient d'or et de coloriages d'autel. A côté, sous la même clef, la chambre d'Henriette dans laquelle on les fit entrer. Le désordre de cette petite pièce, le lit defait, charge de journaux, ce couvert sur le bois de la table à côté de l'encrier, des feuilles surchargées d'une écriture désordonnée a larges éclaboussures, les gros grains du rosaire pendu a la glace au-dessus d'un petit Saint-Jean, son agneau blanc en collerette, ombré de poussières jamais secouées, disaient bien l'existence déroutée et bizarre, échouée dans cette espèce de cellule donnant sur une petite cour en entonnoir qui, le soir, s'éclairait par le sous-sol vitre et flamboyant de la boulangerie. En face de la croisée, à longueur de bras, un mur sinistre dont les effritements, les moisissures traçaient des hiéroglyphes réguliers facilement déchiffrables et disant de haut en bas, de long en large : maladie, misère... maladie, misère... misère et maladie.

« Tiens, c'est vous... Oh! que c'est gentil... »
Henriette rentrait avec un pain et le petit plat que le boulanger lui mettait à cuire dans son four. Et tout de suite au courant, elle offrit sa chambre, son lit... Elle coucherait sur le divan, la ferait passer pour une de ses tantes de Christiania : « Vous verrez comme on est bien ici ; quelles bonnes gens, ces Magnabos... L'homme est un libre-penseur, mais une tête, un feu... Nous discutons... Et pas d'enfants, vous savez... » En causant, elle jetait à la diable les effets de Mme Ebsen dans un tiroir de commode, et sa petite lampe à petrole allumée, ajoutait sur la table, au milieu des paperasses, un couvert d'étain, une assiette ébréchee. Lorie les laissa en train de dîner, la mère un peu calmée, se sentant à l'abri, Henriette toujours très bavarde, excitée moins par les événements que par l'air de Paris trop violent et composite pour cette pauvre tête anémiée.

Lui, Paris l'effrayait maintenant. Il n'en avait jamais sondé les dessous, les traîtrises comme aujourd'hui, et revenant lentement rue du Val-de-Grâce après son dîner, il croyait sentir le sol ebranlé, miné sous ses pas. Ces choses qu'on lit sont donc possibles? Il savait bien pourtant que Mme Ebsen n'était pas folle. Est-ce que vraiment on eût osé la séquestrer, ou s'il n'y avait là qu'une menace pour la faire tenir tranquille?... Quelqu'un l'attendait, assis sur la pierre de sa porte. Il pensa à l'homme de la veille et demanda vivement, sans approcher : « Qui est là?... » La voix de Romain lui repondit, enrouée, basse, désolée... Romain à Paris, à cette heure!... Qu'y avait-il encore? .. Voici :

Avisé le matin même de sa destitution pour irrégularité de service, l'éclusier était accouru bien vite aux Ponts-et-Chaussées, croyant à une erreur, mais sans pouvoir obtenir d'autre éclaircissement. Irrégularité de service; et Baraquin pour le remplacer. Vous pensez s'il serait régulier, le service!... Lorie avait un nom au bord des lèvres, que Romain lui évita la peine de prononcer : « Tout ça, voyez-vous, c'est les Autheman... du bien mauvais monde, pire que les artilleurs... »

Depuis quelque temps, paraît-il, la guerre était déclarée entre le château et l'écluse. Même, le jeune Nicolas, dans une de ses chasses, s'étant aventuré sur le territoire ennemi, avait reçu de Sylvanire une claque à ne remuer ni pieds ni pattes de huit jours. Là-dessus procès-verbal du garde-champêtre, assignation au tribunal de Corbeil. Cela ne constituait pourtant pas un délit de service pour l'éclusier, moins affligé de la perte de son poste que de l'idée qu'on n'allait plus « être ensemble. » Les enfants reviendraient chez Monsieur, et Sylvanire avec eux inévitablement. Il le savait, s'y résignait d'avance, mais tout de même... Et comme l'heure sonnait à Saint-Jacques et qu'il ne voulait pas manquer son train, Romain prit congé, frisant ses petits yeux humides et résumant son gros chagrin à sa manière : « Cré cochon, M. Lorie!... »

Chez les Magnabos, la vie de Mme Ebsen était bien triste, bien isolée. Henriette courait les couvents, les sacristies, très agitée par les fameux décrets sur les congrégations dont on annonçait l'exécution prochaine. La pauvre mère, n'osant pas sortir, se morfondait dans cette chambre que tous ses soins ne pouvaient rendre habitable, où sa turbulente compagne faisait dix fois par jour des entrées et des sorties d'ouragan. Quelle différence avec le petit logis clos de la rue du Val-de-Grâce! Pas d'autre distraction que de déchiffrer la lézarde du mur... maladie... misère... ou d'aller passer une heure dans l'atelier du voisin.

Magnabos, de l'Ariège, gros homme, trapu, barbu, entre trente-cinq et cinquante, des paupières de batracien et un creux de basse chantante, était une célébrité de réunions publiques. Il comptait des campagnes à la salle de la rue d'Arras, mais excellait surtout dans l'oraison funèbre. Il ne se faisait pas un entellement civil de quelque importance où Magnabos ne prononçât un discours ; et comme ces cérémonies ne se renouvelaient pas assez souvent à son gré, il s'était affilié à une loge maçonnique, à la ligue des libres-penseurs, se tenant à l'affût dans les deux sociétés, surveillant les gens âgés, les malades, leur prenant mesure d'une oraison funèbre comme d'un cercueil en sapin, sachant au juste ce que pouvait donner chacun au point de vue du panégyrique. Puis, une fleur d'immortelle à la boutonnière, en sautoir le large ruban bleu, passé au vent, à la pluie, au soleil des enterrements de toutes saisons, Magnabos se hissait, bedonnant, pontifiant, sur le sillon des fossoyeurs, et disait quelque chose. Pas grand chose, mais quelque chose.

Doucement cela tournait au sacerdoce. Son langage prenait de l'onction, son geste une autorité; lui l'ennemi des prêtres, il en devenait un, prêtre de la libre-pensée dont il suivait les rites, le formulaire et touchait la prébende, de bons déjeuners aux frais des parents, des indemnités de route ; car Magnabos voyageait pour l'oraison funèbre, jusqu'à Poissy, Mantes, Vernon. Ah! si les libres-penseurs avaient su le vrai métier de leur pontife, peintre d'emblèmes religieux et passant en couleur toute cette statuaire en carton-pierre qui s'étale aux devantures cléricales des rues

Bonaparte et Saint-Sulpice ! Il faut vivre, que voulez-vous? Puis Magnabos s'occupait si peu de ses « manitous » comme il les appelait. Le vrai décorateur, c'était sa femme, qui savait *coucher de mixtion ou d'assiette* aussi bien que lui.

Type de l'ouvrière parisienne, au joli visage ravagé par les veilles et d'atroces migraines, qu'exaspérait l'odeur de la résine et des grosses couleurs qu'il fallait employer, Mme Magnabos restait du matin au soir, et quelquefois bien tard dans la nuit, devant une procession de saints et de madones qui arrivaient les yeux morts, les lèvres blanches comme leurs chevelures et leurs draperies, et qu'elle douait de regards bleus en extase, de tuniques variées, avec des auréoles d'or cerclant des bandeaux d'acajou, et des semis d'étoiles sur toutes les coutures. Mme Ebsen s'installait souvent près de sa chaise; elle s'amusait de lui voir faire son coloriage, découper ses grandes feuilles d'or pour les ornements, les emblèmes appliqués d'une main légère sur les statuettes enduites de résine et d'huile.

Tout en s'activant, l'ouvrière causait du dernier discours de Magnabos sur la tombe d'un frère, de son succès, des journaux qui parlaient de lui. Et si bon, toujours content et d'égale humeur, même quand il rentrait avec un verre de trop, les jours de grand enterrement. Non, de femme aussi heureuse qu'elle... Et elle disait cela, la vaillante, en se tenant la tête de la main gauche et fermant les yeux de douleur pendant qu'elle badigeonnait la mitre de Saint-Ambroise... de femme aussi heureuse, il n'y en avait jamais eu.

Il ne lui manquait qu'un enfant, pas un garçon, parce que les garçons ça s'en va toujours, mais une petite fille qu'elle aurait appelée MALTHIDE, coiffée en frisons comme Saint-Jean, gardée près d'elle du matin au soir dans l'atelier où elle se trouvait souvent un peu seule. Mais quoi ! Il faut toujours un chagrin dans l'existence la mieux arrangée.

« Vous n'en avez pas eu, d'enfant, vous, Madame? demandait-elle un jour à la prétendue tante d'Henriette...

— Si... dit Mme Fbsen tout bas.

— Une fille ? »

Ne recevant pas de réponse, elle se retourna et vit la pauvre femme toute secouée de sanglots, la figure dans ses mains.

« C'est donc ça, qu'elle est si triste... qu'elle ne veut jamais sortir... »

Et croyant que la fille de sa voisine était morte, dès ce jour Mme Magnabos ne parla plus de sa petite MALTHIDE.

Le soir leur ramenait Henriette Briss et quelquefois Magnabos, quand l'ouvrage pressait et qu'il n'avait pas de réunion au dehors. Dans le grand atelier traversé par le tuyau à coude d'un petit poêle, toujours rouge et ronflant malgré la saison déjà radoucie, afin que la couleur séchât plus vite, le gros homme coloriait à côté de sa femme, ses cheveux plats pommadés, sa barbe trop noire étalée sur une longue blouse grise qu'il remplissait de la majesté sacerdotale d'un pope; mais quoique très grave et pontifiant, il ne dédaignait pas le mot pour rire... « Viens que je te colle une auréole! » disait-il à quelque évêque crossé qu'il plantait devant lui comiquement, la même raillerie répétée forçant le même éclat de rire sur les lèvres de sa femme, amenant la même protestation d'Henriette : « Oh ! monsieur Magnabos... » Et la discussion commençait.

La basse profonde de l'orateur funèbre, la petite voix écervelée de l'ancienne bonne sœur montaient, descendaient, s'interrompaient; et par les hautes fenêtres ouvertes sur la rue populeuse où roulaient les omnibus et les camions, les mots *Éternité... Matière... Superstition... Sensualisme...* s'en allaient comme des vitraux d'une chapelle avec ces mélopées de prédication qui enflent la dernière syllabe. Tous deux, l'athée et la croyante, se servaient du même dictionnaire, faisaient des citations des pères de l'Église ou de l'Encyclopédie; seulement Magnabos ne s'emportait pas comme

Henriette. Il niait pontificalement l'existence
de Dieu, tout en passant au jaune de chrome
et tant que son large pinceau tenait de couleur, la barbe de Saint-Joseph, ou les tresses
de Sainte-Perpétue.

Lorie-Dufresne mêlait parfois sa note apai-
sante à ce concert. Ayant sondé récemment
le protestantisme, il avait sur cette religion des
connaissances toutes fraîches qu'il exprimait
avec les réserves de sa langue administrative,
ses intonations condescendantes qui exaspéraient les deux partis contraires, tout en pré-
tendant les calmer.

Assise dans un coin noir afin qu'on ne la vît
pas pleurer, aussi muette et inerte que ces
rangées de petits saints profilant sur la muraille
blanche leurs silhouettes résignées, Mme Ebsen
pensait tristement combien les différences de
religions importent peu, puisque les hommes
se servent indifféremment de toutes pour des
œuvres méchantes et injustes ; et comme dans
un mauvais rêve elle écoutait le tonnerre de
Magnabos annonçant que les jours étaient venus
et que les privilèges avaient fait leur temps.

Magnabos se trompait. Sur l'écroulement des
vieux privilèges, il en reste un debout qui les
vaut tous, une tyrannie plus haute que les lois
et les révolutions, grandie du formidable abattage qu'on a fait autour d'elle, c'est la fortune,

la vraie force moderne, nivelant tout, inconsciemment, sans effort. Oh! sans le moindre effort. Et la pauvre mère obligée de se cacher comme une criminelle, et le vieux doyen révoqué, et le brave Romain honteusement chassé de son écluse, ne se doutent guère à quel point les Autheman sont etrangers à leur malheur. Tout cela s'est fait en dehors et au-dessous d'eux, par la force naturelle des choses, le poids de l'argent, l'universel aplatissement devant l'idole; et pendant que ces basses et cruelles besognes s'exécutent en leur nom, eux continuent leur vie honorable et paisible, Madame à Port-Sauveur dans l'installation des premiers beaux jours, le banquier derrière son grillage, à la source du flot cristallin, continu, inépuisable, qui maintient le grand fleuve d'or au niveau de ses hautes berges.

Tous les jours à cinq heures le coupé d'Autheman vient le prendre et l'emporte à toute vitesse vers sa femme. Rien de plus ponctuel que ce départ d'après lequel les employés règlent leurs montres, détendent leurs visages assombris par la présence du patron. Aussi la surprise est-elle grande, une après-midi de juin, de le voir quitter son bureau dès les signatures de trois heures : « Je monte... » dit-il en passant devant les garçons... « Quand Pierre attellera, qu'on me prévienne.

— Monsieur n'est pas malade? »

Non, Monsieur n'est pas plus malade que les autres jours. Lentement, avec le geste préoccupé qui tâte et tourmente l'enflure de sa joue, il monte le large escalier dont les échos de vieille église lui renvoient son pas traînant et découragé, entre dans l'appartement que ses persiennes closes, l'absence de tapis et de tentures font encore plus vaste et solennel, traverse le parloir aux réunions de prières, tous ses bancs empilés le long des murs chargés d'inscriptions bibliques, puis le bureau tapissé de cartons verts bien en ordre, le salon pompeux, garni de meubles du premier empire, la taille remontée dans leurs housses comme les robes de ce temps-là, et s'arrête enfin à une haute porte de moulures sévères.

La chambre de sa femme!...

Depuis quatre ans, cette porte s'est fermée sur un bonheur qu'on lui refuse obstinément. D'abord, on y a mis des formes, les prétextes, fatigues, misères de femmes, qu'elles invoquent quand elles ne veulent plus; puis un simple refus inexpliqué et le verrou tiré, solide dans ces murailles du vieux temps. Lui n'a pas protesté, ne voulant la devoir qu'à elle-même. Mais que de fois, la nuit, il a gelé dans ce grand salon, comme là-bas par les corridors de Port-Sauveur, à écouter le souffle égal et pai-

sible de sa Jeanne. Il pensait : « Elle a assez
de moi... c'est l'horreur... le dégoût... » et
renouvelant les tentatives de sa jeunesse, il a
livré sa joue aux chirurgiens, l'affreux *nævus*
héréditaire demeurant rebelle à toute médica-
tion. Les opérations n'ont pas servi davantage.
Creusé, extirpé, le mal renaissait plus hideux
chaque fois, s'étendait comme une énorme
araignée livide sur tout un côté de la figure.
Alors, saisi de rage, humiliant dans son cœur
l'amour qui ne voulait plus de lui, Autheman
essayait de la débauche.

Quand, sur le grand trottoir, on a su qu'Autheman le riche entrait en chasse, ça été un
splendide rabattage, le tiré des forêts royales.
Mais ce délicat amoureux d'une femme chaste
manquait de l'initiation du vice. La première
qu'on lui amenait, dix-huit ans, succulente et
ferme comme un beau fruit, était prise d'une
terreur folle, la figure cachée dans son bras nu
à la vue de l'homme qu'il fallait aimer. « J'ai
peur... » disait-elle tout bas en grelottant. Et
lui, plein de pitié pour cette chair blanche
d'esclave à l'étal : « Rhabille-toi... tu auras
l'argent tout de même. » Une autre s'est jetée
à son cou, l'enveloppant d'une caresse pas-
sionnée. Celle-là, il l'aurait tuée... Décidément
il n'y a pour lui qu'une femme au monde, la
sienne, et elle ne veut plus. Voilà pourquoi il
s'est décidé à mourir.

Oui, la mort, ressource suprême des déshérités ; et une mort enragée, féroce, vengeresse, un de ces suicides de colère qui ensanglantent de débris humains l'angle dur des trottoirs et des corniches, la grille en fers de lance des colonnes commémoratives, chassent la vie empoisonnée de misères trop cruelles, de souffrances incurables, dans un grognement et un blasphème. C'est cette mort qu'il a choisie. Il se tuera ce soir, là-bas, tout près d'elle. Mais avant, il a voulu revoir cette chambre une dernière fois.

Une grande chambre délicatement tendue de soie gris tendre, à peine une nuance entre les boiseries à filets d'or. L'immatérialité de la femme qui vit là se devine à la netteté de cette tenture, de ces meubles laqués de la même couleur tourterelle, aussi frais que le soir du mariage, il y a onze ans... Pauvre Autheman sans prénom, que personne, pas même sa mère, n'a jamais songé à appeler Louis, pauvre Autheman le riche, pauvre laid ! A corps perdu sur le grand lit de ses amours drapé en lit de mort, quels cris de colère et de passion il étouffe, mordant l'oreiller, griffant la courtine dure ! Et qui croirait à le voir pleurer tout haut comme un enfant, que c'est le même Autheman ganté, correct et froid, que son domestique trouve un moment après dans l'antichambre, devant la cage de la perruche.

Tous les ans, la cage et l'oiseau faisaient le
voyage de Port-Sauveur, au grand scandale
d'Anne de Beuil, furieuse d'entendre ce bec
crochu de vieil hérétique appeler « Moïse...
Moïse... » sous les ombrages évangéliques.
Cette fois, volontairement ou non, la perruche
a été oubliée; et la voilà couchée au fond de
sa cage, la tête abandonnée, les pattes convul-
sées et raidies, devant le petit miroir cassé qui
reflète la baignoire sans eau et la mangeoire
vide. C'est fini d'appeler Moïse; plus rien d'Israel ne reste dans la maison du renégat.
Autheman considère cela une minute, passe
sans colère, et froidement, au cocher, en regardant sa montre :

« Je suis pressé, Pierre... »

Le coupé file, brûle les rues, les quais, le
triste faubourg d'Ivry tout noir de ses chantiers
de charbon, de ses masures ouvrières, de la
fumée lourde de ses usines. Quartier de misère
et de révolte, où les rares équipages qui passent, reçoivent des poignées de fumier et de
boue par leurs portières. Mais le coupé du
banquier, bien connu du peuple d'Ivry depuis
si longtemps qu'il fait le trajet, n'a rien à
craindre du dehors, ses stores relevés, fermé
comme une logette de lépreux, même quand la
route s'engage entre les colzas et les blés, les
plaines ondulantes et dorées sous un beau
soleil de juin. C'est ainsi qu'il voyage, ce

richard, déprisonné seulement quand la grille a tourné sur ses gonds et qu'il peut aspirer librement l'odeur de miel des pawlonias flottant sur le silence engourdi de Port-Sauveur.

« Où est Madame?... » demande-t-il, tandis que le cheval s'ébroue, luisant et fier, sa gourmette argentée d'écume.

« Dans le parc... Au banc de Gabrielle... »

Sur ce banc moussu, circulaire, qui joint dans le haut les deux rampes de l'escalier et se blottit comme un nid entre les branches d'un vieux tilleul, la belle Gabrielle a sans doute parlé d'amour, soupiré des fredons et des propos galants, par des soirs comme celui-ci, bourdonnant d'abeilles et tout embaumés d'effluves chauds. Pour Jeanne Autheman, c'est un simple observatoire. Quand elle n'est pas à la Retraite, tout en s'entretenant avec Dieu, elle surveille de là à travers les branches le train domestique, l'alignement correct des charmilles, des parterres fleuris, du potager dont les cloches de verre luisent le long de la voie. Les serviteurs savent cela, et quand « Madame est dans son arbre, » le château paraît encore plus tenu, plus sévère que d'habitude.

« L'âme qui veut s'unir à Dieu doit oublier toutes les choses créées, tous les êtres périssables... »

C'est la voix froide de sa femme que le banquier écoute en montant les hautes marches tournantes. Les sanglots de Watson lui répondent ; pauvre Watson, revenue de sa mission, plus navrée, plus douloureuse que jamais, avec le souvenir de ses enfants qui s'acharne et crie dans son cœur. Jeanne s'indigne et gronde, sans s'émouvoir de ces larmes, car elle a reçu du Christ le *don de force*.

« Bonjour..., » dit-elle à Autheman en lui tendant son front bien vite pour reprendre l'entretien ; mais lui, d'un ton de maître :

« J'ai à vous parler, Jeanne... »

A l'éclair de ses yeux, à la façon nerveuse dont il lui étreint le poignet, elle a compris que l'heure est venue de l'explication si longtemps remise.

« Va, ma fille... » dit-elle à Watson ; et elle attend avec cette expression excédée, épouvantable, de la femme qui n'aime pas et qui sait qu'on vient lui parler d'amour. Assis sur le banc à côté d'elle, Autheman murmure :

« Pourquoi retirez-vous votre main, Jeanne ? Pourquoi reprendre ce que vous aviez donné ?... Si, si, vous comprenez bien... Ne faites pas ces yeux qui mentent... Vous étiez à moi, pourquoi vous êtes-vous reprise ? »

Puis, à mots pressés et brûlants, il essaie de lui faire comprendre ce qu'elle a été dans sa vie. Après l'enfance solitaire et infirme, la jeu-

nesse sans joie, craintive de se laisser voir;
aux heures aimantes et conquérantes la sensation atroce de l'insecte laid qui fuit sous les
pierres, de peur qu'on l'écrase. Un jour, elle
est venue enfin, et tant de lumière s'épandait
autour d'elle, qu'il s'est senti ranimé, vivifié.
Même ses tortures d'amour, l'angoisse — quand
il la regardait sous la charmille avec Déborah
— l'angoisse de se dire: « elle ne voudra
jamais de moi,... » même cela, c'était doux,
venant d'elle.

« Te rappelles-tu, Jeanne, quand ma mère
est allée te demander?... J'ai passé l'après-
midi ici, sur ce banc, à l'attendre. Oh! sans
impatience, et très calme. Je me disais : Si elle
ne veut pas, je meurs... Je savais comment ;
toutes mes dispositions étaient prises... Eh
bien, regarde-moi. Tu sais que je ne fais pas
de phrases... Me voilà devant toi comme il y a
onze ans, très ferme dans ma volonté de
mourir pour un refus, et l'heure et le lieu
décidés... Prononce. »

Elle le connaît sérieux et sincère, et se garde
bien d'articuler le « non » qu'il peut lire dans
la décision de ses yeux, dans le retirement ins-
tinctif de tout son être. Doucement, elle le
rappelle au sentiment chrétien, à la foi apai-
sante, à la loi de Dieu qui nous défend d'at-
tenter à nos jours.

« Dieu!... Mais c'est toi mon Dieu... »

Et avec des baisers plutôt que des mots, un bégaiement passionné :

« Dieu, c'est ta bouche, ton haleine, tes bras qui m'enlaçaient, ton épaule nue où j'ai dormi... Dans ce temple où tu m'as conduit, sur ces chiffres où mes yeux se brûlent, je n'ai jamais pensé qu'à toi. Tu étais mon courage au travail, ma ferveur à la prière. Maintenant tu t'es reprise... Comment veux-tu que je croie?... Comment veux-tu que je vive?... »

Elle se dresse, indignée qu'on ose ainsi blasphémer devant elle. Une rougeur monte à ses joues, le feu de cette colère sainte que permet l'Écriture... *Courroucez-vous et ne péchez point.*

« Assez, plus un mot... Je croyais que vous m'aviez comprise... Dieu est mon œuvre !... Le reste n'existe plus pour moi... »

Elle est belle ainsi, toute frémissante, elle qui ne s'émeut jamais, et des brindilles pâles de tilleul tombées sur ses cheveux noirs dans un désordre qui lui sied. Il l'admire un moment, la pénètre de cet effrayant regard d'ironie glissant sur son bandeau. Est-ce vraiment Dieu l'obstacle?... ou sa monstrueuse laideur?... En tout cas, il la connaît. C'est un « non » implacable.

« Je pensais bien, » dit-il en se levant et revenu à son ton habituel, posé et froid, le ton des affaires, « je pensais bien que ma démarche était inutile ; mais je ne voulais pas qu'il y eût de malentendu entre nous. »

Il fait deux pas pour s'en aller, puis s'arrête :

« Alors, jamais ?...
— Jamais. »

Où va-t-il ?... Il a regardé sa montre et se hâte vers la maison, comme un homme qui craint de manquer un rendez-vous... Eh ! qu'il aille. Dieu châtie l'esprit de révolte... Sans plus s'occuper de lui, elle prie pour calmer son intime frémissement, pour effacer la souillure qu'a laissée sur son âme ce brutal rappel à la terre. Elle prie et s'apaise, tandis que le soir tombe en frissons dans les branches et que des vols de grandes phalènes remplacent les sphynx sur les géraniums du jardin, éteints peu à peu, disparus dans une nuit où il n'y a pas encore de lune. Il ne reste de visible que la voie du chemin de fer, droite et lisse sous la lueur grondante de deux globes de feu apparus au tournant de la Seine.

L'express du soir !...

Il passe en éclair et en tonnerre ; et Jeanne, pour qui c'est le signal du dîner et qui descend les marches lentement au dernier verset de sa prière, le regarde fuir dans la nuit, sans se douter qu'il vient de la faire veuve.

On l'a retrouvé le soir même, dans un va-et-vient de lanternes affolées entre les trains montants et descendants. Son chapeau, sa canne et ses gants étaient soigneusement posés sur la rampe de la terrasse. Le corps entraîné loin, broyé, jeté à tous les côtés de la voie; la tête seule intacte, et hors du bandeau protecteur, plus visible et plus effroyable que jamais, le mal immonde, l'araignée aux longues pattes agrippantes, toujours en vie, acharnée sur sa proie.

XVII

AIMONS-NOUS BIEN... NE NOUS QUITTONS JAMAIS...

MADAME Ebsen commençait à sortir, à se rassurer. Les d'Arlot étaient rentrés à Paris et lui auraient servi de protecteurs, en admettant qu'on eût sérieusement pensé à l'enfermer. Il fallait seulement qu'elle se tînt bien tranquille, car l'affreux accident arrivé au banquier, le courage digne de sa veuve, son intelligence supérieure à reprendre les affaires en vraie bru de la vieille Autheman, tout cela déplaçait l'opinion publique à son profit. D'ailleurs la pauvre mère était réduite maintenant, matée par la peur et cette attente mêlée d'espoir qui avait duré des mois; volontiers elle eût dit comme la paysanne là-bas et du même accent fatidique : « Rien à faire... »

N'osant encore rentrer rue du Val-de-Grâce, elle continuait à occuper seule la chambre d'Henriette qui, à bout de ressources, venait de partir en Podolie. Elle-même, à la fin de ses petites économies, avait dû reprendre quelques anciennes leçons. C'était sa distraction pendant le jour, mais la longueur des soirées lui faisait presque regretter sa turbulente amie, surtout depuis la maladie de Magnabos. L'orateur funèbre, ayant pris un chaud et froid au dernier enterrement, traînait un mauvais rhume à fièvre et à grosse toux creuse ebranlant de ses quintes les manitous sur leurs tréteaux. On lui defendait de parler; et Mme Magnabos, tout en continuant à *coucher d'assiette*, devait subir l'humeur furieuse de son malade, enragé de l'idee que les frères mouraient et s'enterraient sans lui.

Tristesse pour tristesse, Mme Ebsen restait dans son taudis, devant la lezarde du grand mur toujours plus creuse; et la pensée de sa fille, rentree despotiquement en elle, depuis qu'elle ne craignait plus le cabanon des folles, l'obsédait sans relâche. « Où est-elle? Que fait-elle? » Ne recevant plus de lettres, elle relisait les anciennes, si froidement cruelles, cette carte postale en travers de laquelle elle avait écrit : *dernière lettre de mon enfant*. De cela même elle se serait contentée, d'une ligne, d'un mot : Eline.

Lorie lui manquait aussi, appelé depuis quelques jours à Amboise pour la succession des Gailleton, morts à deux semaines l'un de l'autre. En son absence, elle allait furtivement savoir chez la mère Blot s'il n'y avait pas de nouvelles ; mais elle ne s'arrêtait pas, se privait de monter jusqu'à son appartement, même d'embrasser Maurice et Fanny restés à Paris avec Sylvanire. Toujours cette crainte de gens apostés pour l'enlever, qui la faisait se retourner dix fois dans la rue deserte.

Un jour, comme elle entr'ouvrait la porte avec son éternel et triste : « rien pour moi, mère Blot?... » la concierge s'élança, la figure à l'envers :

« Mais si... Mais si.., Votre fille est là-haut... Elle vient d'arriver... »

Où trouva-t-elle la force de monter, de tourner la clef restée sur la porte, de se traîner jusqu'au salon !...

« Mon enfant... ma petite fille... »

Elle l'avait prise à pleins bras, pleurait doucement dans ses cheveux sans parler, tandis qu'Eline se laissait embrasser, blanche et froide, et si maigre sous son chapeau de paille noir, dans son minable et flottant waterproof.

« Oh! ma jolie petite Lina, murmurait la mère un peu écartée pour la voir, ils me l'ont toute *chanchée*. »

Et de nouveau cramponnée à son cou, avec l'aspiration sanglotante du noyé qui boit l'air et la vie :

« Ne t'en va plus, dis... ça fait trop mal...»

De tout près, pour que ses reproches fussent adoucis de caresses, elle lui racontait son grand chagrin, ses courses éperdues, et qu'ils avaient voulu l'enfermer comme folle.

« Tais-toi, tais-toi, disait Eline... Dieu m'a permis de revenir; remercions-le sans nous plaindre...

— Oui, tu as raison... »

Son enfant de retour, elle oubliait tout. L'infâme Birk lui-même serait entré, qu'elle l'eût embrassé sur sa barbe de Judas... Pensez! l'avoir à elle, la tenir, entendre son petit pas dans la maison ressuscitée, toutes les persiennes ouvertes; la suivre de pièce en pièce dans le remue-ménage de l'arrivée, ouvrir ensemble des malles et des tiroirs, s'asseoir devant le petit dîner improvisé, les mains et les regards se croisant comme autrefois, s'étreignant par-dessus la table. Quelle rancune, quelle colère auraient tenu contre un ravissement pareil!

Dans le jardin, doré d'un beau couchant, on

entendait rire et jouer les petits Lorie qui s'en
donnaient de fourrager les bordures et les
plates-bandes, depuis qu'un grand écriteau :
« A Louer » pendait sur le pavillon fermé du
pasteur. Mais Eline ne pensait pas à eux, ne
distinguait même pas leurs cris de ceux des
moineaux dans les arbres; et Mme Ebsen, ignorant ses intentions, n'osait lui parler du passé,
de peur d'effaroucher, de briser ce fragile et
surprenant bonheur. On a de ces transes dans
les trop beaux rêves.

Il fut seulement question du doyen. Pauvre
homme, quel crève-cœur ç'avait dû être de
s'arracher à ce coin paisible, à ce jardin planté
par lui, d'abandonner ses chères roses doubles
et son vieux cerisier dont il cueillait avec tant
de précautions les quelques fruits aigrelets,
vraies cerises de Paris, trempées de poussière
noire, qu'il fallait essuyer et laver avant de les
mettre sur la table ! Et Mme Ebsen se figurait le
vieux ménage s'en allant derrière ses meubles,
eux aussi à bout de service et ne demandan.
que du repos; elle le voyait campant quelque
part en province chez des enfants mariés,
attendant de retrouver une cure modeste et
toutes les privations des premières années.
Tout cela pour elle, pour avoir osé seul dans
Paris élever la voix contre la cruauté et l'injustice.

« Ah ! Linette, si tu l'avais entendu dans ce

temple... Comme c'était beau, comme on le sentait bien avec Dieu... Tu serais revenue bien vite, méchante... » Et craignant de l'avoir fâchée, elle lui prenait la main qu'elle baisait gentiment par-dessus la table : « ... pour rire, tu sais bien... »

Line sans répondre restait distraite, absorbée, un étirement de souffrance et de lassitude sur sa pâleur. La mère pensait : « C'est le voyage... » et malgré son mutisme elle la questionnait, curieuse de savoir d'où venait son enfant, mais n'en tirant que des mots vagues, embarrassés... A Zurich, elle avait été un mois malade... Elle avait fait beaucoup de bien à Manchester... Et de temps en temps une phrase de la Bible, une exhortation pieuse : « Souffron en Christ, ma mère, et nous règnerons avec lui. » Et la mère de se dire encore : « O ma jolie petite Lina, ils me l'ont toute chanchée... »

Enfin l'essentiel était de l'avoir là, tout près dans sa petite chambre, où Lina rentrait de bonne heure, prétextant sa fatigue, pendant que Mme Ebsen veillait au contraire, pressée de se réinstaller, de reprendre ses habitudes dans le cher logis si longtemps abandonné, et s'arrêtait à toute minute au milieu de ses rangements, avec le sentiment délicieux de la paix retrouvée, de la maison pleine, après tant d'heures de désespoir et de solitude.

La rue dormait. Par-dessus les arbres des jardins, Saint-Jacques-du-Haut-Pas envoyait le timbre grave de l'heure, et Bullier les ritournelles coupées de ses violons. Plus rien ne bougeait chez Eline. Pourtant sa lumière veillait encore. « Elle aura oublié d'éteindre... » pensa Mme Ebsen, qui entra doucement... La jeune fille était à genoux sur le carreau de la chambre, la tête renversée, les bras tendus dans un raide mouvement d'invocation. Au bruit de la porte, elle dit durement sans se retourner :

« Laisse-moi avec Dieu, ma mère... »

La mère s'élança, l'étreignit follement :

« Non, non, pas ça, mon enfant chérie... Ne sois pas fâchée... Tu t'en irais encore... »

Et tout à coup, deliant son étreinte, tombant à genoux de tout le poids de son gros corps :

« Tiens ! je prie avec toi... Dis tout haut ce qu'il faut dire... »

Quand le soleil donne à plein sur la maison, il y en a pour tous les étages. En serait-il de même du bonheur ? Deux jours après l'arrivée d'Eline, Mme Ebsen recevait une lettre de Lorie lui annonçant qu'il héritait décidément des cousins Gailleton. Leurs rentes étaient en viager ; mais il lui restait la maison qu'il comptait vendre, et le vignoble, avec la closerie, où il allait installer les enfants, Romain et Sylvanire.

C'est de la qu'il écrivait, de la chambre de sa martyre donnant sur la grosse tour du château. Maurice continuerait ses études pour Navale, au petit collège d'Amboise. Pauvre elève du *Borda*, victime de la vocation!... Puis ces nouvelles données, timidement, en post-scriptum, Lorie-Dufresne ajoutait :

« Vous avez retrouvé votre enfant. Je pense que dans cette immense joie qui vous arrive, s'il y en avait un peu pour moi, vous me l'auriez écrit. Mais je veux bien que vous sachiez, que vous lui disiez que mon cœur à moi n'a pas changé, et que les petits n'ont toujours pas de mère. »

Voici, dans son ingénuité tendre et les tournures étrangères de sa phrase, la réponse de Mme Ebsen :

« Lorie, mon ami, c'est mon enfant et ça n'est plus mon enfant. Douce et soumise, prête a tout ce qu'on veut, mais froide, détachée, comme s'il y aurait quelque chose de brisé en elle. C'est son cœur, voyez-vous, qui ne va plus. Quelquefois je la prends, je la tiens à brasse-corps contre moi pour la réchauffer. Je lui crie : « Mais je n'ai que toi, mon enfant chérie !... Et qu'est-ce que c'est que la vie, si on ne s'aime plus? » Elle ne répond pas, ou elle me dit qu'il faut nous aimer en Dieu et que le salut de nos âmes est la seule affaire. Elle ne s'occupe pas d'autre chose, et chez nous tout son temps se passe en prières, en lectures édifiantes.

« Les premiers jours, elle est allée voir toutes nos amies, elle s'est montrée partout; mais maintenant elle ne sort plus et ne parle pas même de reprendre ses leçons. Je ne sais ce qu'elle compte faire, et je travaille pour deux en attendant. Oh! tant qu'elle voudra, mon Dieu! J'ai vingt ans depuis qu'elle est là... Pour ce qui est de vous, ça ne va pas bien non plus? Quand j'ai reçu votre lettre, je suis allée prendre Fanny, qu'elle n'avait pas encore vue. J'espérais lui ouvrir le cœur avec les grâces de l'enfant, ses petites mines, ses cheveux fins qu'elle aimait tant à coiffer. Eh bien! non, elle l'a accueillie comme une étrangère, d'un de ces baisers de glace, qu'elle me donne; et elle n'a fait que parler de Dieu, de la nécessité de l'Évangile à la pauvre petite toute tremblante de peur et se serrant contre moi...

« Et pourtant je ne perds pas tout espoir de guérir ma fille de cette affreuse maladie de ne plus aimer rien; c'est une affaire de temps et de tendresse. Tenez! la nuit dernière, je pleurais tout bas dans mon lit, car enfin ça fait de la peine de perdre son enfant toute vive. J'ai cru entendre une plainte à côté. Je me lève, je cours vers Lina, couchée sans lumière et ne dormant pas. « Qu'est-ce que tu as, ma chérie? — Mais je n'ai rien, rien du tout... » et en l'embrassant, je sentais ses joues toutes mouillées de larmes froides.

« Ah! mon ami, y a-t-il quelque chose de plus triste que cette mère et cette fille pleurant sans rien se dire, avec la nuit entre elles?... Tout de même, elle a pleuré; c'est le cœur qui revit peut-être. Et si elle me rendait son cœur, elle vous le rendrait aussi et a vos enfants... »

C'était le 15 juillet, environ trois semaines après le retour d'Eline chez sa mère. Mme Ebsen, revenant de dire adieu à la dernière de ses élèves restée a Paris, avait fait un détour pour prendre des nouvelles de Magnabos.

« Mal, très mal... » râlait du fond de son fauteuil l'orateur funèbre devenu aphone; et se tournant péniblement vers sa femme qui arrosait de larmes silencieuses la robe bleue de Saint-Rigobert : « Surtout, je t'en prie, pas de discours sur ma tombe... Je n'en veux pas... Il n'y en a pas un qui sache parler. »

Puis, s'exaltant a propos de la Fête nationale de la veille :

« Hein? vous avez vu, madame Ebsen?... Était-ce beau!... Ont-ils gueulé!... Étaient-ils contents!

— Oui, j'entendais ça de loin, mais nous n'avons rien vu... Lina n'a pas voulu sortir. »

Magnabos s'indignait :

« Pas voulu sortir!... Mais c'est notre fête pourtant, la fête des petits, la fête du peuple, la fin des superstitions et des privilèges... Des lampions! des lampions! nom d'un tonnerre!

— Mon ami... mon ami..., » disait la pauvre Mme Magnabos, craignant de lui voir saigner son dernier poumon. Et son œil suppliant renvoyait Mme Ebsen qui rentrait par les rues encore pavoisées de drapeaux, d'emblèmes, de guirlandes feuillues detrempées par une pluie d'orage.

Était-ce la vue de ce mourant, le chagrin de sa vaillante femme, peut-être aussi la tristesse de ce lendemain de fête, mais Mme Ebsen se sentait envahie d'un malaise, les jambes molles de la fatigue qui restait dans l'air alourdi. Le Luxembourg qu'elle traversa lui parut immense et sinistre, avec le bois dégarni de ses estrades, de grands gibets verts éclatés et noircis où s'accrochaient les girandoles tricolores des petits godets à huile. De grosses lanternes en papier orange roulaient à terre au pied des arbres calcinés, dans une poussière de bastringue qui flottait encore... Elle marchait vite; il lui tardait d'échapper à cette tristesse de la rue, d'être chez elle, serrée contre son enfant.

« Lina!... Lina!... »

La chambre d'Eline, fermée à clef, ne s'ouvrit qu'au second appel, montrant la jeune fille debout, prête à sortir, et plus blanche encore que d'habitude dans le large ruban noir qui nouait son chapeau sous le menton. Près d'elle, sur une chaise, sa valise et de menus objets de voyage tout preparés.

« Eline !... Qu'est-ce que...

— Dieu m'appelle, ma mère... Je vais à lui. »

Oh ! cette fois, la mère n'eut pas un cri, pas une larme ! Elle comprenait la comédie infâme, et que, pour répondre à l'accusation du vieil Aussandon, on avait laissé la jeune fille revenir quelque temps chez elle, se montrer partout, prouver enfin qu'elle était libre, non séquestrée et forcée. Puis l'impression produite, au risque de tuer la mère, en route !...

C'était trop, à la fin.

« Eh bien ! va !... Je n'ai plus d'enfant !... »

Elle dit cela sourdement, d'une voix terrible. Après, les deux femmes restèrent droites, sans un mot, sans un regard, attendant la voiture qu'on était allé chercher...

Ce fut long, ce fut rapide, incommensurable comme la minute où l'on meurt.

« Adieu, ma mère !... Je t'écrirai..., » dit Lina.

L'autre répondit seulement :

« Adieu ! »

Machinalement leurs joues se frôlèrent, un baiser glissant et froid comme la dalle d'un temple. Mais en ce court contact, la chair s'émut, cria, et tout au fond d'Eline, dans ce qui restait de son enfant, la mère entendit le soulèvement avorté d'un sanglot.

« Reste, alors !... »

Et elle lui tendait ses bras tout grands. Mais Eline, égarée, la voix rauque :

« Non, non, pour ton salut, pour le mien... je te sauve en nous déchirant !... »

Mme Ebsen, immobile à la même place, entend ce pas léger qui s'éloigne sur l'escalier.

Et sans que la fille se penche à la portière, sans que la mère soulève son rideau, pour l'échange d'un dernier adieu, la voiture cahote, tourne la rue, se perd entre mille autres voitures dans le grondement de Paris.

Elles ne se sont plus revues... Jamais.

TABLE

		Pages.
I.	Grand'mère	1
II.	Un fonctionnaire	11
III.	Eline Ebsen	30
IV.	Heures du matin	49
V.	L'hôtel Autheman	69
VI.	L'Écluse	93
VII.	Port-Sauveur	112
VIII.	Le Témoignage de Watson	129
IX.	En haut de la côte	154
X.	La Retraite	177
XI.	Un détournement	196

		Pages.
XII.	Romain et Sylvanire.	219
XIII.	Trop riches	234
XIV.	Dernière lettre.	254
XV.	A l'Oratoire.	271
XVI.	Le banc de Gabrielle.	286
XVII.	« Aimons-nous bien... Ne nous quittons jamais ».	311

Achevé d'imprimer

le dix mars mil huit cent quatre-vingt-huit

PAR

ALPHONSE LEMERRE

(Th. Bret, *conducteur*)

25, RUE DES GRANDS-AUGUSTINS, 25

A PARIS

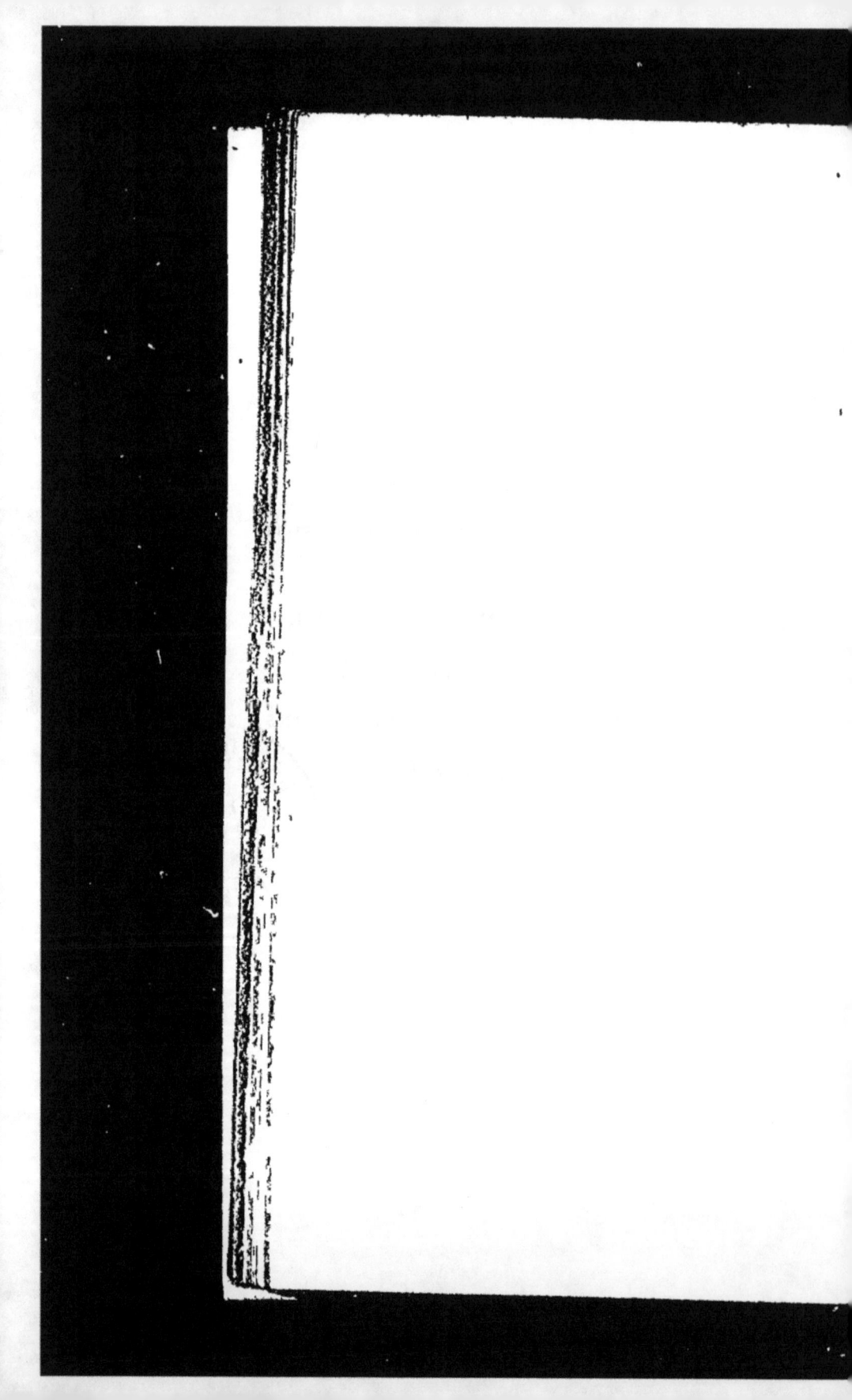

www.ingramcontent.com/pod-product-compliance
Lightning Source LLC
Chambersburg PA
CBHW060503170426
43199CB00011B/1310